essentials

essentials liefern aktuelles Wissen in konzentrierter Form. Die Essenz dessen, worauf es als „State-of-the-Art" in der gegenwärtigen Fachdiskussion oder in der Praxis ankommt. *essentials* informieren schnell, unkompliziert und verständlich

- als Einführung in ein aktuelles Thema aus Ihrem Fachgebiet
- als Einstieg in ein für Sie noch unbekanntes Themenfeld
- als Einblick, um zum Thema mitreden zu können

Die Bücher in elektronischer und gedruckter Form bringen das Expertenwissen von Springer-Fachautoren kompakt zur Darstellung. Sie sind besonders für die Nutzung als eBook auf Tablet-PCs, eBook-Readern und Smartphones geeignet. *essentials:* Wissensbausteine aus den Wirtschafts-, Sozial- und Geisteswissenschaften, aus Technik und Naturwissenschaften sowie aus Medizin, Psychologie und Gesundheitsberufen. Von renommierten Autoren aller Springer-Verlagsmarken.

Weitere Bände in der Reihe http://www.springer.com/series/13088

Elmar Holschbach · Jörg H. Grimm

Management von Lieferanteninsolvenzen

Grundlagen, Hilfestellungen und
Checklisten für den Einkauf

Elmar Holschbach
Fachhochschule Südwestfalen
Meschede, Deutschland

Jörg H. Grimm
Berner Fachhochschule
Biel, Schweiz

ISSN 2197-6708   ISSN 2197-6716 (electronic)
essentials
ISBN 978-3-658-32315-8   ISBN 978-3-658-32316-5 (eBook)
https://doi.org/10.1007/978-3-658-32316-5

Die Deutsche Nationalbibliothek verzeichnet diese Publikation in der Deutschen Nationalbibliografie; detaillierte bibliografische Daten sind im Internet über http://dnb.d-nb.de abrufbar.

Planung/Lektorat: Susanne Kramer
Springer Gabler ist ein Imprint der eingetragenen Gesellschaft Springer Fachmedien Wiesbaden GmbH und ist ein Teil von Springer Nature.
Die Anschrift der Gesellschaft ist: Abraham-Lincoln-Str. 46, 65189 Wiesbaden, Germany

Was Sie in diesem *essential* finden können

- Überblick über die wesentlichen Grundlagen des Insolvenzrechts aus Sicht von Einkäufern
- Hinweise zu notwendigen Aktivitäten des Einkaufs in den unterschiedlichen Phasen einer Lieferanteninsolvenz
- Hinweise und Empfehlungen zu Maßnahmen im Vorfeld einer Lieferanteninsolvenz aus Sicht des Einkaufs (präventive Maßnahmen)
- Hinweise und Empfehlungen zum Umgang mit einer eingetretenen Lieferanteninsolvenz aus Sicht des Einkaufs (kurative Maßnahmen)
- Eine Checkliste zum Umgang mit Lieferanteninsolvenzen aus Sicht des Einkaufs

Vorwort

Aufgrund der zur Zeit der Entstehung dieses Essentials grassierenden Corona-Pandemie und struktureller Umbrüche in einigen Branchen lesen wir in den Medien immer häufiger Überschriften wie „Insolvenzwelle ab dem Herbst?", „Kreditversicherer rechnen mit Insolvenzwelle" oder „Massiver Anstieg von Insolvenzen befürchtet". In den zugehörigen Beiträgen wird dabei häufig auf die möglichen Auswirkungen einer Insolvenz auf die direkt betroffenen Unternehmen (d. h. die Schuldner) sowie auf deren Gläubiger (zum Beispiel Lieferanten des Schuldners) eingegangen. Das jedoch auch Auftraggeber, Abnehmer bzw. beschaffende Unternehmen von der Insolvenz eines Lieferanten stark betroffen sein können, wird oft übersehen.

In unserer langjährigen praktischen Tätigkeit in verschiedenen Einkaufsabteilungen produzierender Unternehmen haben wir immer wieder mit den Auswirkungen von Lieferanteninsolvenzen zu tun gehabt. In einigen Fällen fühlten wir uns als Einkäufer dabei nicht ausreichend auf eine Lieferanteninsolvenz vorbereitet. Dies liegt nicht zuletzt daran, dass Lieferanteninsolvenzen glücklicherweise nicht allzu häufig vorkommen und somit ihre Bewältigung nicht unbedingt zum Tagesgeschäft eines Einkäufers gehört.

Dennoch waren und sind wir der Meinung, dass der Einkauf gut daran tut, sich auf Lieferanteninsolvenzen vorzubereiten. Hierzu gehört einerseits, sich als Einkäufer einen ersten Überblick über die rechtlichen Grundlagen des Insolvenzrechts zu verschaffen. Andererseits sollte eine Einkaufsabteilung jedoch auch die prozessualen und organisatorischen Voraussetzungen für den adäquaten Umgang mit Lieferanteninsolvenzen schaffen.

Dieses Essential möchte hierzu einen Beitrag leisten. Es soll Einkaufsverantwortlichen und -mitarbeitern einen strukturierten und komprimierten Überblick über wichtige einkäuferische Aspekte des Insolvenzrechts geben und darüber hinaus aufzeigen, was der Einkauf vor, während und nach einer Lieferanteninsolvenz unternehmen kann, um negative Folgen für das beschaffende Unternehmen möglichst gering zu halten.

Dabei gelten unsere Betrachtungen sowohl für zugekaufte Güter und Systeme als auch Dienstleistungen. Wir fokussieren jedoch auf die Insolvenz in Deutschland ansässiger Lieferanten und somit auf deutsches Recht. Wir planen, die insolvenzrechtlichen Gegebenheiten in Österreich und der Schweiz möglichst rasch einzubeziehen.

Grundlage für dieses Buch bildet dabei unsere langjährige praktische Einkaufserfahrung, eine umfassende Literaturrecherche sowie knapp zwanzig Expertengespräche mit Einkaufsmanagern und Juristen zum Thema. Unseren Gesprächspartnern, die ausnahmslos anonym bleiben möchten, danken wir sehr herzlich für Ihre Unterstützung bei der Entstehung dieser Publikation.

Danken möchten wir aber natürlich zuallererst unseren Familien, die uns mit viel Verständnis für unsere Arbeit den zeitlichen Freiraum ermöglicht haben, der zum Schreiben eines Buches notwendig ist. Der spezielle Dank von mir – Elmar Holschbach – richtet sich an meine Mutter Marita und unsere Tochter Silvia. Mein – Jörg Grimm – besonderer Dank gilt Janett und Johannes. Danken möchten wir aber auch Ihnen, unseren Leserinnen und Lesern, für ihr Interesse an diesem Werk (verzichten jedoch in der Folge aus Gründen der Lesefreundlichkeit auf eine geschlechterspezifische Ansprache).

Wir hoffen, Sie erhalten wichtige neue Erkenntnisse, die Ihnen in Ihrem beruflichen Alltag und im Umgang mit Lieferanteninsolvenzen nützen! Über den weiteren Austausch mit Ihnen würden wir uns sehr freuen. Sprechen Sie uns an oder besuchen Sie unsere Website zum Thema (www.lieferanteninsolvenz.net)!

Prof. Dr. Elmar Holschbach
Gütersloh, Deutschland

Prof. Dr. Jörg Grimm
Bern, Schweiz

Inhaltsverzeichnis

Einleitung

Im Kalenderjahr 2019 beantragten nur noch 18.749 Unternehmen in Deutschland Insolvenz (Statistisches Bundesamt 2020b). Gegenüber dem Jahr 2003, in dem mit 39.320 Unternehmen der bisher höchste Wert in der bundesrepublikanischen Wirtschaftsgeschichte erreicht wurde, entspricht dies einem Rückgang von 52 % (Statistisches Bundesamt 2020a). Selbst im von der Corona-Krise noch unbeeinflussten Monat Februar 2020 meldeten die deutschen Amtsgerichte 1,529 Unternehmensinsolvenzen. Das waren nach Angaben des Statistischen Bundesamtes 3,2 % weniger als im Februar 2019 (Statistisches Bundesamt 2020c). Während im langfristigen Mittel pro Jahr 1,5–2 % der Unternehmen in Deutschland Insolvenz beantragen (Krall 2017), liegt dieser Anteil im Jahr 2019 bei lediglich 0,57 %.

Ist dies ein Grund ungetrübter Freude? Nicht wenn man sich den gestiegenen Anteil sogenannter Zombieunternehmen genauer ansieht. Unter einem Zombieunternehmen wird eine hoch verschuldete Firma verstanden, deren Geschäftsbetrieb an sich unprofitabel ist und die daher langfristig nicht in der Lage ist, die Zinsen von aufgenommenen Krediten zu zahlen. Solche Firmen müssen häufig neue Kredite nur deshalb aufnehmen, um die Fremdkapitalzinsen bestehender Kredite zu bedienen. Die aktuellen niedrigen Zinsen für Fremdkapital begünstigen die Bildung solcher Zombieunternehmen und behindern die Marktbereinigung im üblichen Ausmaß.

Die Organisation for Economic Co-operation and Development (OECD) schätzte bereits im Jahr 2013 den Anteil solcher Zombieunternehmen in Deutschland auf 12 %. In einigen südeuropäischen Ländern ist von deutlich höheren Anteilen auszugehen. So lag ihr Anteil laut OECD in Griechenland bereits im selben Jahr bei 28 %; in Italien bei 19 % und in Spanien bei 16 % (Andrews und Nicoletti 2018).

E. Holschbach und J. H. Grimm, *Management von Lieferanteninsolvenzen*, essentials, https://doi.org/10.1007/978-3-658-32316-5_1

Die Gefahr der „Zombifizierung" in Verbindung mit den Auswirkungen der Corona-Krise sowie strukturellen Umbrüchen in Branchen wie der Automobilindustrie können Anzeichen für eine steigende Zahl von Unternehmensinsolvenzen sein. Von der Insolvenz eines Unternehmens sind vor allem Gläubiger wie zum Beispiel Kapitalgeber oder Zulieferer betroffen, da das insolvente Unternehmen seine Zahlungen an sie nicht mehr leisten kann. Aber auch beschaffende Unternehmen bzw. Auftraggeber, die Güter oder Dienstleistungen beziehen, sollten sich auf eine möglicherweise steigende Zahl von Lieferanteninsolvenzen vorbereiten. Ein beschaffendes Unternehmen kann durch die Unterbrechung der Lieferkette in Folge der Insolvenz eines Lieferanten auf unterschiedliche Weise in starke Mitleidenschaft gezogen werden.

Es bestehen zwischen dem beschaffenden Unternehmen und dem Lieferanten neben der traditionellen Lieferanten-Abnehmerbeziehung in Form des Bezuges von Gütern oder Dienstleistungen gegen Bezahlung oftmals noch weitere Geschäftsbeziehungen. So können beispielsweise auch Gegengeschäfte eingegangen worden sein. Auch kann eine Lieferanteninsolvenz Auswirkungen auf die Bearbeitung möglicher Gewährleistungsansprüche des beschaffenden Unternehmens haben (siehe Abb. 1.1).

Um den Verantwortlichen im Einkauf eine erste Hilfestellung zum Umgang mit Lieferanteninsolvenzen zu geben, werden im ersten Kapitel dieses Essentials die wesentlichen Grundlagen des deutschen Insolvenzrechts aus einkäuferischer Perspektive erläutert. Die Darstellungen sind dabei gemäß dem Ablauf eines Regelinsolvenzverfahrens strukturiert.

Obwohl jede Lieferanteninsolvenz in Teilen auch einen individuellen Charakter besitzt, handelt es sich bei vielen Maßnahmen zu ihrer Bewältigung um eher wiederholt auftretende, strukturell festgelegte Aufgaben. Daher sollten alle Maßnahmen zum Umgang mit Lieferanteninsolvenzen in ein funktionierendes Lieferanten- und Risikomanagement eingebettet sein. Das zweite Kapitel macht die Zusammenhänge zwischen Lieferanten- und Risikomanagement sowie der Bewältigung von Lieferanteninsolvenzen deutlich.

Im dritten Kapitel werden präventive Maßnahmen vorgestellt, die unabhängig von einer individuellen Lieferanteninsolvenz bzw. in ihrem Vorfeld durch den Einkauf ergriffen werden können. Die dargestellten Maßnahmen sollen das beschaffende Unternehmen auf mögliche Lieferanteninsolvenzen vorbereiten. Es werden in diesem Kapitel Maßnahmen zur Identifikation drohender Lieferanteninsolvenzen, zur Unterstützung von Lieferanten in Unternehmenskrisen, zur Nutzung vertraglicher Vorkehrungen, zur Etablierung entsprechender Prozesse sowie zur Vorauswahl alternativer Lieferanten vorgestellt.

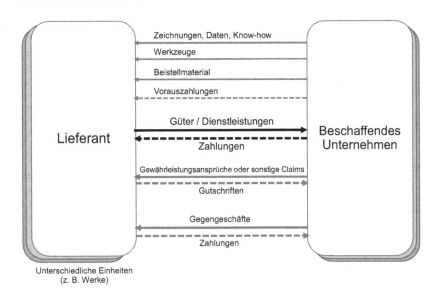

Abb. 1.1 Beziehungen zwischen Schuldner und beschaffendem Unternehmen. (Quelle: Holschbach und Grimm (2020))

Wenn das Kind in den Brunnen gefallen ist bzw. ein Antrag auf Eröffnung eines Insolvenzverfahrens über das Vermögen eines Lieferanten gestellt wurde, muss der Einkauf oftmals rasch handeln. Was er tun kann, um die Auswirkungen des eröffneten Insolvenzverfahrens zu mildern, wird im vierten Kapitel beschrieben. Die kurativen Maßnahmen dienen vor allem der Sicherung von Gütern und Dienstleistungen, die vom in Insolvenz befindlichen Lieferanten bezogen werden sowie der Minimierung finanzieller Konsequenzen aus dem Insolvenzverfahren.

Das Essential schließt mit einigen Schlussbetrachtungen. Im Anhang lässt sich eine Checkliste finden, die dem Einkauf einen Überblick über die beschriebenen präventiven und kurativen Maßnahmen gibt. Diese Checkliste kann dem Leser auch dazu dienen, den Status quo hinsichtlich des Umgangs mit Lieferanteninsolvenzen im eigenen Einkauf auf Vollständigkeit und Güte zu überprüfen.

Ablauf eines Insolvenzverfahrens aus Sicht des beschaffenden Unternehmens

2

Für einen Einkäufer sind im Falle einer Lieferanteninsolvenz daher insbesondere Fragen zum Umgang mit bereits getätigten Bestellungen, fälligen Zahlungen, im Besitz des Lieferanten befindlicher Werkzeuge sowie möglichen Gewährleistungsansprüchen zu beantworten. Zur besseren Vorbereitung des Einkaufs auf Lieferanteninsolvenzen gehört somit auch, sich mit den Grundzügen des Insolvenzrechts auseinanderzusetzen. Daher werden im folgenden Kapitel die für Einkäufer wesentlichsten Punkte des deutschen Insolvenzrechts aus Einkaufssicht prägnant beschrieben. Die Darstellung orientiert sich am Ablauf eines Regelinsolvenzverfahrens, der in Abb. 2.1 überblicksartig vorgestellt ist. Auf die Besonderheiten eines Insolvenzverfahrens in Eigenverwaltung und des Insolvenzplanverfahrens wird nicht eingegangen.

Relevante Rechtsquelle in deutschen Insolvenzverfahren ist vor allem die Insolvenzordnung (InsO). Aus Gründen der besseren Lesbarkeit und der inhaltlichen Ausrichtung dieses Buches am Einkaufspraktiker wird auf Verweise auf die entsprechenden Rechtsquellen im Folgenden verzichtet.

2.1 Vorläufiges Insolvenzverfahren

Das vorläufige Insolvenzverfahren beginnt mit dem Insolvenzantrag und endet vor dem Insolvenz-Eröffnungsbeschluss. Üblicherweise nimmt diese Phase eines Insolvenzverfahrens zwei bis drei Monate in Anspruch.

Antrag auf Eröffnung eines Insolvenzverfahrens
Insolvenz bedeutet allgemein die Unfähigkeit eines Schuldners, seinen Zahlungsverpflichtungen gegenüber einem oder mehreren Gläubigern nachzukommen. Von

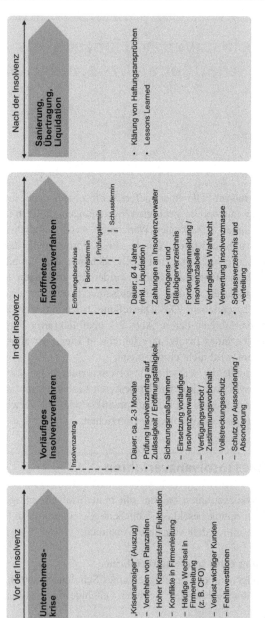

Abb. 2.1 Ablauf eines Insolvenzverfahrens. (Quelle: Holschbach und Grimm (2020))

einer Insolvenz ist die lediglich kurzfristige Zahlungsstockung zu unterscheiden. Es ist in der unternehmerischen Praxis davon auszugehen, dass lediglich eine Zahlungsstockung vorliegt, wenn der Anteil der nicht erfüllten Verbindlichkeiten an den Gesamtverbindlichkeiten innerhalb der letzten drei Wochen nicht mehr als 10 % beträgt (Kramer und Peter 2014, S. 32).

Ein Insolvenzverfahren kann nur durch schriftlichen Antrag durch den Schuldner selbst (Eigenantrag) oder durch einen Gläubiger (Fremdantrag) beim zuständigen Amtsgericht eingeleitet werden. Der Schuldner ist oft nicht nur berechtigt, sondern sogar verpflichtet, den Insolvenzantrag unverzüglich, spätestens jedoch innerhalb von drei Wochen nach Kenntnis des Insolvenzgrundes zu stellen. In der Praxis werden jedoch ca. zwei Drittel aller Insolvenzanträge zu spät gestellt (Kramer und Peter 2014, S. 29). Dieser Umstand betont die Bedeutung präventiver Maßnahmen des Einkaufs im Vorfeld von Lieferanteninsolvenzen.

Nach Einreichung eines Insolvenzantrags wird den Gläubigern die Möglichkeit genommen, im Wege der Einzelzwangsvollstreckung ihre individuellen Forderungen durchzusetzen. Es tritt die Gesamtvollstreckung ein, durch die eine gemeinschaftliche Befriedigung aller Gläubiger erreicht werden und ein Wettlauf der Gläubiger („Windhundprinzip") verhindert werden soll.

Ein beschaffendes Unternehmen wird in der Regel nicht berechtigt sein, einen Antrag auf Insolvenz einer seiner Lieferanten zu stellen, da es nicht dessen Gläubiger im Sinne der Insolvenzordnung ist. Befinden sich Werkzeuge bereits vor der Eröffnung des Insolvenzverfahrens im Besitz des Lieferanten, aber im Eigentum des beschaffenden Unternehmens, so kann die Herausgabe der Werkzeuge nicht über einen Anspruch im Insolvenzverfahren erwirkt werden. Vielmehr ist ein Herausgabeanspruch „geliehener" Gegenstände auf Basis von § 985 Bürgerliches Gesetzbuch (BGB) außerhalb des Insolvenzverfahrens geltend zu machen. Das beschaffende Unternehmen verfügt in diesen Fällen üblicherweise über ein Aussonderungsrecht, auf das später noch eingehender eingegangen wird.

Ein beschaffendes Unternehmen kann jedoch Schuldner des Lieferanten (d. h. des Insolvenzschuldners) sein, wenn bspw. noch Zahlungen an den Lieferanten aufgrund geleisteter Lieferungen oder Leistungen ausstehen. Dann befindet sich das beschaffende Unternehmen in der Rolle eines sogenannten Drittschuldners.

Laut deutscher Insolvenzordnung (InsO) existieren drei Gründe für die Eröffnung eines Insolvenzverfahrens:

- Zahlungsunfähigkeit (§ 17 InsO)
- Drohende Zahlungsunfähigkeit (§ 18 InsO)
- Überschuldung (§ 19 InsO)

Zahlungsunfähigkeit

Ein Unternehmen gilt als zahlungsunfähig, wenn es nicht in der Lage ist, die fälligen Zahlungspflichten zu erfüllen, d. h. wenn seine Zahlungspflichten seine verfügbaren und leicht zu beschaffenden Zahlungsmittel übersteigen. Von Zahlungsunfähigkeit wird bspw. ausgegangen, wenn ein Schuldner alle Zahlungen eingestellt hat, wesentliche Steuerforderungen nicht begleicht oder mehrere Vollstreckungsversuche eines Gläubigers erfolglos blieben.

Drohende Zahlungsunfähigkeit

Ein Insolvenzantrag kann auch gestellt werden, wenn bereits absehbar ist, dass die Zahlungsmittel eines Schuldners einschließlich aller Kreditlinien und vergleichbaren Werte nicht ausreichen, um dessen Verbindlichkeiten zum Zeitpunkt ihrer Fälligkeit zu erfüllen. Dieser Insolvenzgrund kann ausschließlich vom Schuldner angeführt werden. Damit soll vermieden werden, dass Gläubiger auf Prognosen beruhenden Druck auf ihn ausüben können. Der Schuldner muss die drohende Zahlungsunfähigkeit zum Beispiel über einen Liquiditätsplan nachweisen, der Mittelzu- und -abflüsse gegenüberstellt. Der Prognosezeitraum ist dabei rechtlich nicht klar definiert, liegt aber in der Praxis zwischen drei und zwölf Monaten.

Mit dem Insolvenzgrund der drohenden Zahlungsunfähigkeit will der Gesetzgeber notleidenden Unternehmen einen Anreiz bieten, frühzeitig einen Insolvenzantrag zu stellen, um damit professionelle Unterstützung durch einen Insolvenzverwalter und ggf. eine Sanierungsmöglichkeit zu erhalten (Kramer und Peter 2014, S. 33).

Überschuldung

Der dritte vom Insolvenzrecht vorgesehene Insolvenzgrund ist die Überschuldung. Sie ist gegeben, wenn erstens das Vermögen des Schuldners die bestehenden Verbindlichkeiten nicht mehr deckt und zweitens die Fortführung des Unternehmens nicht wahrscheinlich ist. Zur Feststellung einer Überschuldung wird zunächst eine Überschuldungsbilanz erstellt, die Aktiva und Passiva mit ihren wahren Werten ausweist. Anschließend wird durch Wirtschaftsprüfer eine Fortführungsprognose auf Basis der Ertrags- und Finanzplanung für die nächsten 12 bis 18 Monate erstellt. Fällt die Fortführungsprognose positiv aus, liegt trotz einer möglichen bilanziellen Überschuldung beim schuldenden Unternehmen keine Insolvenz vor.

Ein Einkäufer kann durch den Umgang des Schuldners mit den Insolvenzgründen auf dessen Sanierungsmöglichkeiten und -willen schließen. So kann die Zahlungsunfähigkeit und drohende Zahlungsunfähigkeit durch das schuldende Unternehmen mittels Befriedigung der Forderungen der Gläubiger und entsprechender Zahlungen abgewendet werden. Auf einen starken Willen zur Sanierung einer Tochtergesellschaft durch eine Muttergesellschaft deutet im Falle einer Überschuldung eine Patronatserklärung hin, bei der die Muttergesellschaft eine Erklärung zur Aufrechterhaltung der Bonität des Tochterunternehmens abgibt. Auch ein Forderungsverzicht („Haircut") eines Gläubigers stellt ein Indiz für einen starken Sanierungswillen dar.

Einleitung von Sicherungsmaßnahmen
Um eine Verschlechterung der Vermögenslage des Schuldners zu verhindern, ist das zuständige Insolvenzgericht verpflichtet, bis zur Entscheidung über den Insolvenzantrag Sicherungsmaßnahmen einzuleiten. Die aus Sicht eines beschaffenden Unternehmens bedeutsamsten Sicherungsmaßnahmen sind:

• Bestellung eines vorläufigen Insolvenzverwalters
• Verfügungsverbot für Schuldner oder Zustimmungsvorbehalt des Insolvenzverwalters
• Schutz vor Aussonderung und Absonderung
• Vollstreckungsschutz des Schuldners

Das Insolvenzgericht bestellt im Regelinsolvenzverfahren zunächst einen vorläufigen Insolvenzverwalter. Dabei handelt es sich meist um Rechtsanwälte mit einer Spezialisierung auf Insolvenzrecht, Steuerberater oder Wirtschaftsprüfer.

Das Insolvenzgericht kann festlegen, dass der Schuldner über sein Vermögen in keiner Weise mehr selbstständig verfügen kann (Verfügungsverbot) oder dass bestimmte Verfügungen von der Zustimmung des vorläufigen Insolvenzverwalters abhängig sind (Zustimmungsvorbehalt). Geschäfte, die das beschaffende Unternehmen trotz Verfügungsverbot oder entgegen der Zustimmung des vorläufigen Insolvenzverwalters mit dem in Insolvenz befindlichen Lieferanten eingeht, sind unwirksam.

Spricht das Insolvenzgericht ein Verfügungsverbot aus, ermöglicht es somit auch die Bestellung eines „starken" Insolvenzverwalters. Führt der Schuldner jedoch sein Unternehmen unter Aufsicht des vorläufigen Insolvenzverwalters fort, handelt es sich um einen „schwachen" vorläufigen Insolvenzverwalter. Die Bestellung eines starken Insolvenzverwalters kann als ein eher negatives Signal hinsichtlich der Fortführung des schuldenden Unternehmens gewertet werden, da es zum Beispiel auf die fachliche Unkenntnis und gegebenenfalls sogar Flucht der bisherigen Geschäftsführung hindeuten kann.

Für das beschaffende Unternehmen bleibt bis zur Eröffnung des Insolvenzverfahrens über das Vermögen eines Lieferanten der Lieferant als Vertragspartner erhalten. Die Vertretungsregelungen ändern sich jedoch: Der Lieferant wird ggf.

ab Insolvenzantragstellung nicht mehr nur durch die bisherige Geschäftsführung, sondern zusätzlich (im Falle eines schwachen Insolvenzverwalters) oder ausschließlich (im Falle eines starken Insolvenzverwalters) durch den vorläufigen Insolvenzverwalter vertreten. Vertragszusagen des von der Insolvenz bedrohten Lieferanten, die gegen das Verfügungsverbot verstoßen, sind unwirksam. Somit kann das beschaffende Unternehmen nicht auf ihre Einhaltung pochen. Daher sollten Vereinbarungen über Restlieferungen aus bestehenden Verträgen bei Einsetzung eines schwachen Insolvenzverwalters immer dreiseitig, d. h. zwischen dem beschaffenden Unternehmen, dem in Insolvenz befindlichen Lieferanten sowie dem vorläufigen Insolvenzverwalter geschlossen werden.

Ein weiterer Unterschied zwischen starkem und schwachem Insolvenzverwalter mit Relevanz für beschaffende Unternehmen besteht in ihrer Möglichkeit zur Begründung sogenannter Masseverbindlichkeiten. Masseverbindlichkeiten werden bei der Verwertung der Insolvenzmasse im späteren Insolvenzverfahren vorrangig behandelt. Sie können zum Beispiel aus der Zusage von Lieferungen eines insolventen Lieferanten an das beschaffende Unternehmen entstehen, die erst nach Stellung des Insolvenzantrages eingegangen wurden. Bei Absprachen mit dem vorläufigen schwachen Insolvenzverwalter werden keine Masseverbindlichkeiten begründet. Das bedeutet, dass Verbindlichkeiten aus ausstehenden Lieferungen, denen der schwache Insolvenzverwalter zugestimmt hat, im späteren Insolvenzverfahren nicht vorrangig an das beschaffende Unternehmen verteilt werden. Ein starker Insolvenzverwalter kann auf Basis von Ansprüchen aus von ihm abgeschlossenen Verträgen hingegen Masseverbindlichkeiten eingehen.

Schuldet das beschaffende Unternehmen dem insolventen Lieferanten noch Zahlungen für Lieferungen oder Leistungen, ist es ein sogenannter Drittschuldner (d. h. ein Schuldner des Insolvenzschuldners). Im Rahmen der Sicherungsmaßnahmen untersagt das Insolvenzgericht Drittschuldnern, weitere Zahlungen an das insolvente Unternehmen zu leisten. Stattdessen wird der vorläufige Insolvenzverwalter ermächtigt, dessen Forderungen einzuziehen und entsprechende Zahlungen entgegenzunehmen. Das beschaffende Unternehmen muss fällige Zahlungen somit an den vorläufigen Insolvenzverwalter bzw. an dessen Anderkonto leisten.

Ziel des Insolvenzeröffnungsverfahrens ist es, das Unternehmen nach Möglichkeit weiterzuführen. Zum Betrieb benötigt es betriebsnotwendiges Inventar. Das Insolvenzgericht kann daher anordnen, dass sogenannte Aussonderungs- oder Absonderungsrechte (siehe eingehender unten) erst im eröffneten Insolvenzverfahren geltend gemacht werden können. Dies kann auch Eigentumsvorbehalte wie zum Beispiel an Werkzeugen des beschaffenden Unternehmens betreffen. Beschaffende Unternehmen sollten daher versuchen, bereits vor der Einleitung von Sicherungsmaßnahmen in den (Wieder-)besitz ihrer Werkzeuge zu gelangen oder rasche Einigungen über ihre Aushändigung oder die Fortführung der Belieferung mit dem vorläufigen Insolvenzverwalter zu treffen.

Damit alle Gläubiger gleichgestellt sind, ordnet das Insolvenzgericht häufig einen Vollstreckungsschutz an. Das heißt, dass alle Zwangsvollstreckungsmaßnahmen gegen den Schuldner untersagt und einstweilig eingestellt werden. Eine Ausnahme bilden Immobilien des Schuldners. Auch alle Zwangsvollstreckungen im letzten Monat vor Einreichung des Insolvenzantrages werden unwirksam (sogenannte Rückschlagsperre). Sollte das beschaffende Unternehmen Zwangsvollstreckungsmaßnahmen gegen den insolventen Lieferanten (zum Beispiel auf Herausgabe von Werkzeugen, Beistellungen oder ähnliches) beantragt haben, werden diese zunächst nicht weiterverfolgt beziehungsweise rückgängig gemacht.

Die getroffenen Sicherungsmaßnahmen muss das Insolvenzgericht veröffentlichen. Insolvenzbekanntmachungen werden in Deutschland auf dem Justizportal des Bundes und der Länder (https://www.insolvenzbekanntmachungen.de) sowie in den entsprechenden Registern (zum Beispiel Handelsregister, Genossenschaftsregister) veröffentlicht. Das europäische e-Justizportal unterstützt die Suche nach insolventen natürlichen oder juristischen Personen innerhalb der EU (https://e-justice.europa.eu/content_insolvency_registers-110-de.do).

2.2   Prüfung des Insolvenzantrags

Das Insolvenzgericht prüft den Antrag auf Eröffnung eines Insolvenzverfahrens (Insolvenzantrag). Dabei muss das Gericht unter anderem folgende Fragen beantworten:

- Ist das angerufene Insolvenzgericht in örtlicher, sachlicher und funktioneller Hinsicht zuständig?
- Handelt es sich beim Schuldner um eine natürliche oder juristische Person (d. h. ist Vermögen des Bundes, eines Landes oder einer juristischen Person des öffentlichen Rechts betroffen)?
- Liegt ein Insolvenzgrund (d. h. Zahlungsunfähigkeit, drohende Zahlungsunfähigkeit oder Überschuldung) vor?
- Deckt die Insolvenzmasse (d. h. das gesamte Vermögen, das dem Schuldner zur Zeit der Eröffnung gehört und welches er während des Verfahrens erlangt) die Verfahrenskosten?

Stellt ein Gläubiger den Insolvenzantrag (sogenannter Fremdantrag), so prüft das Gericht, ob er tatsächlich ein rechtliches Interesse hat. Ein solches Interesse liegt zum Beispiel nicht vor, wenn der Gläubiger mit dem Insolvenzantrag insolvenzfremde Zwecke verfolgt (zum Beispiel Rufschädigung), seine Forderung sehr gering ist oder er keine zumutbaren, nicht aussichtslosen Vollstreckungsmaßnahmen im Rahmen der Einzelzwangsvollstreckung unternommen hat. Darüber hinaus muss ein Gläubiger bei einem Fremdantrag seine Forderung durch Beweismittel (zum Beispiel Vertragsunterlagen, Rechnungen), eidesstattliche Versicherung oder anwaltliche Versicherung glaubhaft machen können.

Für ein beschaffendes Unternehmen, das sich aufgrund von nicht erfüllten Gegengeschäften mit dem Lieferanten, vor die Entscheidung gestellt sieht, einen Insolvenzantrag zu stellen, bedeuten diese Prüfpunkte, dass es zunächst den Weg der Einzelzwangsvollstreckung erwägen und auf die korrekte Dokumentation etwaiger Verträge achten sollte.

Eröffnetes Insolvenzverfahren
Mit dem Insolvenzeröffnungsbeschluss ist das Insolvenzverfahren eröffnet. In dieser Phase des Insolvenzverfahrens wird das Vermögen des Schuldners verwertet oder im Rahmen eines Insolvenzplans eine andere Regelung getroffen. Das eröffnete Insolvenzverfahren endet mit der Liquidation des Unternehmens oder der Einstellung des Verfahrens. Durchschnittlich dauert ein eröffnetes Regelinsolvenzverfahren in Deutschland 4,5 Jahre (Kramer und Peter 2014, S. 16).

Insolvenzeröffnungsbeschluss
Sofern die im vorläufigen Insolvenzverfahren geprüften Voraussetzungen für die Eröffnung eines Insolvenzverfahrens – Eröffnungsgrund und kostendeckende Masse – vorliegen, beschließt das Insolvenzgericht die Insolvenzeröffnung. Lehnt das Gericht die Eröffnung des Insolvenzverfahrens mangels Masse ab, das heißt, weil das Vermögen des Schuldners die Kosten des Insolvenzverfahrens nicht deckt, so führt dies zur Liquidation des Unternehmens. Es wird aus dem Handelsregister gestrichen und hört somit auf zu existieren.

Aufgaben des Insolvenzverwalters
Mit der Eröffnung des Insolvenzverfahrens geht die Verwaltungs- und Verfügungsbefugnis auf den Insolvenzverwalter über. Der Insolvenzverwalter ist in den meisten Fällen dieselbe Person wie der vorläufige Insolvenzverwalter. Er ist häufig schlecht erreichbar, sodass Fragen zum Verfahren besser an die entsprechenden Sachbearbeiter in der Kanzlei des Insolvenzverwalters gerichtet werden sollten.

Der Insolvenzverwalter erstellt ein Verzeichnis aller vorhandenen Vermögensgegenstände und aller Gläubiger. Die Gläubiger werden durch ihn schriftlich
aufgefordert, ihre Forderungen anzumelden. Zudem führt der Insolvenzverwalter die Geschäfte des Schuldners und ist für die Verwertung der Insolvenzmasse
verantwortlich. Er stattet in regelmäßigen Abständen dem Insolvenzgericht und
der Gläubigerversammlung Bericht ab. Er ist bei Pflichtverletzungen schadensersatzpflichtig.

Berichtstermin

Das Insolvenzgericht legt bereits im Eröffnungsbeschluss den Termin für die
erste Gläubigerversammlung, den sogenannten Berichtstermin, fest. Während des
Berichtstermins kann die Gläubigerversammlung einen anderen Insolvenzverwalter wählen und entscheiden, ob der Betrieb des Schuldners weitergeführt oder
stillgelegt werden soll. Als Entscheidungsgrundlage hierzu legt der Insolvenzverwalter einen Bericht zur wirtschaftlichen Lage des in Insolvenz befindlichen
Unternehmens, eine Fortführungsprognose und eine Einschätzung zur Höhe der
Insolvenzmasse vor.

Die Gläubigerversammlung wird mindestens zum Berichts-, zum Prüfungs-
und zum Schlusstermin einberufen. Neben dem Insolvenzverwalter können an
der Gläubigerversammlung der Schuldner, die Mitglieder des Gläubigeraus-
schusses, die nachrangigen Insolvenzgläubiger, die absonderungsberechtigten
Insolvenzgläubiger sowie die Insolvenzgläubiger teilnehmen. Lediglich die absonderungsberechtigten Insolvenzgläubiger sowie die Insolvenzgläubiger besitzen
Stimmrecht.

Ein beschaffendes Unternehmen, das im Rahmen der „Leihe" von Werkzeugen an den Lieferanten lediglich aussonderungsberechtigt ist, kann nicht an der
Gläubigerversammlung teilnehmen.

Forderungsanmeldung

Mit dem Insolvenzeröffnungsbeschluss werden Gläubiger des in Insolvenz befindlichen Lieferanten aufgefordert, ihre Forderungen und Sicherungsrechte beim
Insolvenzverwalter innerhalb einer vorgegebenen Frist anzumelden. Dies muss
schriftlich mit Belegen als Nachweis erfolgen. Forderungen, die nach der Frist
eingereicht werden, können durch das Insolvenzgericht in einem schriftlichen
Verfahren geprüft werden.

Aus Sicht beschaffender Unternehmen kommt den sogenannten Aussonderungen besondere Bedeutung in dieser Phase des Insolvenzverfahrens zu. Unter
Aussonderung versteht das Insolvenzrecht die Ausgliederung von Vermögens-
gegenständen aus der Insolvenzmasse, die sich nicht im Eigentum durchaus

aber im Besitz des Schuldners bzw. des in Insolvenz befindlichen Lieferanten befinden. Darunter fallen aus Sicht eines beschaffenden Unternehmens häufig Werkzeuge, die an den Lieferanten „verliehen" wurden und die sich mit Insolvenzeröffnung noch nicht wieder im Besitz des beschaffenden Unternehmens befinden. Auch Vormaterialien, die das beschaffende Unternehmen dem Lieferanten unter Eigentumsvorbehalt zur Weiterverarbeitung bereitgestellt hat (sogenannte Beistellungen) können Aussonderungsrechte nach sich ziehen.

Ein Aussonderungsrecht steht dem beschaffenden Unternehmen zu, wenn es zweifelsfrei nachweisen kann, dass es Eigentümer zum Beispiel eines Werkzeuges oder der Beistellungen und der Lieferant zur Herausgabe verpflichtet ist. Es kann der Fall auftreten, dass das Insolvenzgericht bereits während des vorläufigen Insolvenzverfahrens bestimmt hat, dass der Aussonderungsgegenstand aufgrund seiner erheblichen Bedeutung für die Fortführung des Betriebes nicht an den Eigentümer (zum Beispiel das beschaffende Unternehmen) herausgegeben wird. In dieser Situation bleibt dem beschaffenden Unternehmen übrig, zu versuchen, über eine einstweilige Verfügung in den (Wieder-)besitz des betreffenden Gegenstandes zu kommen. Üblicherweise entscheiden Insolvenzgerichte innerhalb von ein bis zwei Werkwochen über eine solche Verfügung. Entscheidet das Gericht jedoch gegen die Aussonderung, dauert das Gerichtsverfahren deutlich länger. Dies kann wiederum schwerwiegende Auswirkungen auf die weitere Belieferung des beschaffenden Unternehmens haben.

Aussonderungen sind ebenfalls schriftlich als Forderung beim Insolvenzverwalter anzumelden. Der Insolvenzverwalter nimmt alle angemeldeten Forderungen in die Insolvenztabelle auf. Im späteren Prüfungstermin kann der Insolvenzverwalter, jeder Insolvenzgläubiger sowie der Schuldner gegen jede Forderung Widerspruch einlegen.

Bei größeren Insolvenzverfahren kann die Gläubigerversammlung oder das Gericht einen Gläubigerausschuss einsetzen, der den Insolvenzverwalter intensiver unterstützt und überwacht.

Verwertung der Insolvenzmasse
Nach dem Berichtstermin beginnt die Verwertung der Insolvenzmasse sofern kein gegenteiliger Beschluss der Gläubigerversammlung vorliegt. Dazu kann der Insolvenzverwalter beispielsweise Vermögensgegenstände des Schuldners freihändig verkaufen oder durch Verwertungsgesellschaften versteigern lassen. Ziel der Verwertung ist die Umsetzung bzw. Bewertung der Insolvenzmasse in Geld.

Zahlungen nur noch an den Insolvenzverwalter

Der Insolvenzeröffnungsbeschluss wird über die oben genannten Kanäle bekannt gemacht. Ab Veröffentlichung des Eröffnungsbeschlusses durch das Insolvenzgericht wird die Kenntnis des Leistenden von der Eröffnung des Insolvenzverfahrens vermutet. Das heißt, dass beschaffende Unternehmen spätestens ab diesem Zeitpunkt keine Zahlungen mehr an den Lieferanten in Insolvenz, sondern nur noch an den Insolvenzverwalter leisten dürfen. Ansonsten besteht die Gefahr, dass der Insolvenzverwalter im Verlauf des Verfahrens ebenfalls Zahlungen für vom Lieferanten geleistete Lieferungen oder Leistungen verlangt und der Nachfrager die Zahlung somit doppelt leistet.

Wahlrecht des Insolvenzverwalters

Für beschaffende Unternehmen ist es wichtig, zu wissen, dass der Insolvenzverwalter ein weitgehendes Wahlrecht hinsichtlich der Fortführung oder Beendigung von Verträgen hat, die beidseitig noch nicht vollständig erfüllt sind. Dies betrifft selbstverständlich viele Verträge, die beschaffende Unternehmen mit ihren Lieferanten abschließen, zum Beispiel laufende Kauf-, Werk-, Werklieferungs- oder Lizenzverträge. Mit dem Wahlrecht kann der Insolvenzverwalter den in Insolvenz befindlichen Lieferanten von unrentablen Verträgen befreien und die Lieferungen an das beschaffende Unternehmen einstellen. Er kann aber auch die Erfüllung eines Vertrages verlangen und somit Aufträge des insolventen Lieferanten abarbeiten. Führt der Insolvenzverwalter einen Vertrag fort, muss die Gegenleistung (zum Beispiel die Lieferung von Gütern) aus der Insolvenzmasse erbracht werden. Lehnt der Insolvenzverwalter hingegen die Erfüllung eines Liefervertrages ab, so bleibt dem beschaffenden Unternehmen meist nur übrig, seine Forderung wegen Nichterfüllung in die Insolvenztabelle einzutragen. Als Insolvenzschuldner kann es dann nur auf eine möglichst hohe Insolvenzquote hoffen.

Um möglichst rasch Klarheit über die Absichten des Insolvenzverwalters hinsichtlich weiterer Lieferungen zu erhalten, sollte das beschaffende Unternehmen den Insolvenzverwalter zur Ausübung des Wahlrechts auffordern. Der Insolvenzverwalter muss sich dann unverzüglich, d. h. ohne schuldhaftes Zögern, erklären. Die Erklärung kann später nicht von ihm widerrufen werden. Außerdem kann der Insolvenzverwalter mit der Erfüllungswahl nicht die Konditionen des bestehenden Vertrages ändern.

Darüber hinaus ist wichtig zu wissen, dass dieses Erfüllungswahlrecht zwar dem Insolvenzverwalter, nicht jedoch dem vorläufigen Insolvenzverwalter zusteht. Daraus folgt, dass der Insolvenzverwalter nicht an die Erfüllungswahl des vorläufigen Insolvenzverwalters gebunden ist. Es ist rechtlich umstritten, ob der

Insolvenzverwalter die Erfüllung von Verträgen verweigern kann, die vom vorläufigen Insolvenzverwalter eingegangen wurden. Beschaffende Unternehmen sollten daher sowohl den vorläufigen als auch den Insolvenzverwalter zur Ausübung des Wahlrechts hinsichtlich der Lieferverpflichtung in Insolvenz befindlicher Lieferanten schriftlich auffordern.

Einige beschaffende Unternehmen versuchen, sich durch Lösungsklauseln für den Fall der Lieferanteninsolvenz zu wappnen. Diese sehen ein einseitiges Vertragskündigungs- oder Rücktrittsrecht im Falle einer Insolvenz vor. Der Bundesgerichtshof hat 2012 entschieden, dass solche Klauseln unwirksam sind, sofern der Vertrag ausschließlich aufgrund der Insolvenz gekündigt oder beendet werden soll. Wird ein Vertrag aufgrund einer Insolvenzlösungsklausel außerordentlich gekündigt oder für beendet erklärt, besteht somit das Risiko, dass die Kündigung unwirksam ist und der Insolvenzverwalter den entstandenen Schaden gegenüber dem beschaffenden Unternehmen geltend macht. Insolvenzunabhängige Lösungsklauseln, die im Fall eines Verzuges oder einer sonstigen Vertragsverletzung greifen, sind hingegen davon unberührt (vgl. auch Abschn. 4.4). Wirksam kann auch eine Klausel sein, die für den Fall der Abweisung eines Insolvenzantrages mangels Masse eine Vertragsbeendigung oder ein Sonderkündigungsrecht durch den Käufer vorsieht.

Prüfungstermin

Im Prüfungstermin bzw. in mehreren Prüfungsterminen bei größeren Insolvenzverfahren prüft die Gläubigerversammlung die bis dahin angemeldeten Forderungen. Der Insolvenzverwalter hat diese Forderungen zuvor intern (zum Beispiel anhand von Buchungsbelegen) und formal (zum Beispiel hinsichtlich der Nennung eines Betrages) geprüft und sodann in die Insolvenztabelle aufgenommen. Bei kleineren Insolvenzen können Berichts- und Prüfungstermin zeitlich zusammenfallen. Wenn weder der Insolvenzverwalter noch ein Insolvenzgläubiger einer Forderung widerspricht, so gilt sie als festgestellt. Gläubiger können gegen eine bestrittene Forderung eine Feststellungsklage beim Insolvenzgericht einreichen.

Verteilung der Insolvenzmasse

Ist die Insolvenzmasse in Geld umgesetzt bzw. verwertet, werden die Gläubigergruppen in folgender Reihenfolge von der zur Verfügung stehenden Insolvenzmasse befriedigt:

1. Absonderungsberechtigte Gläubiger
2. „Verfahrenskosten-Gläubiger"
3. Massegläubiger

4. (Nicht nachrangige) Insolvenzgläubiger
5. Nachrangige Insolvenzgläubiger

Aussonderungen gehören nicht zur Insolvenzmasse. Besitzt ein beschaffendes Unternehmen Aussonderungsrechte (zum Beispiel „leihweise" überlassene Werkzeuge) gegenüber einem in Insolvenz befindlichen Lieferanten, so muss es diese Ansprüche – sofern nicht bereits zuvor geschehen – ggf. außerhalb des Insolvenzverfahrens geltend machen.

Die unterschiedlichen Gläubigergruppen sollen im Folgenden lediglich kurz erläutert werden. Im Falle von Lieferanteninsolvenzen werden beschaffende Unternehmen in der Regel zu den Aussonderungsberechtigten (zum Beispiel Werkzeuge, Beistellungen), Massegläubigern (zum Beispiel hinsichtlich Lieferungen aus fortgeführten Verträgen) oder den Insolvenzgläubigern (zum Beispielbei Gegengeschäften) gehören.

Absonderungsberechtigte Gläubiger erhalten durch eine Besicherung einen bevorzugten Zugriff auf Teile der Insolvenzmasse. Zu dieser Gruppe gehören insbesondere Gläubiger mit Pfandrechten an unbeweglichen Sachen (zum Beispiel Banken mit einem Grundpfandrecht an einer Immobilie des Schuldners), Pfandgläubiger (zum Beispiel Vermieter, Verpächter, Spediteure und Frachtführer), aber auch die Finanzämter, die Waren als Sicherheit für darauf ruhende Steuern (zum Beispiel Verbrauchssteuern, Einfuhrumsatzsteuer) einfordern können.

Im nächsten Schritt werden die Verfahrenskosten aus der Insolvenzmasse gedeckt. Dazu zählen die Gerichtskosten, die Vergütung des vorläufigen und des Insolvenzverwalters sowie die Kosten für den Gläubigerausschuss.

Danach werden Massegläubiger aus der Insolvenzmasse soweit wie möglich befriedigt. Forderungen von Massegläubigern entstehen erst nach bzw. durch die Eröffnung des Insolvenzverfahrens. Masseverbindlichkeiten können vor allem bei Verträgen entstehen, die bereits vor dem Insolvenzverfahren bestanden haben und für deren Fortführung der Insolvenzverwalter im Rahmen seines Wahlrechts optiert hat. Aus den vertraglichen Verbindlichkeiten, die der starke Insolvenzverwalter eingegangen ist, können ebenfalls Masseverbindlichkeiten erwachsen.

Insolvenzgläubiger haben ihre Forderungen über den „normalen" Weg beim Insolvenzverwalter angemeldet. Sofern nach der Befriedigung der zuvor genannten Gläubiger noch Insolvenzmasse vorhanden ist, erhalten die Insolvenzgläubiger jeweils denselben prozentualen Anteil der ursprünglichen Forderung (sogenannte Insolvenzquote). In den meisten Insolvenzverfahren liegt die Insolvenzquote bei unter 4 % der angemeldeten Forderungen (Kramer und Peter 2014, S. 74).

Nur in den seltenen Ausnahmefällen, in denen alle Insolvenzforderungen erfüllt werden und die Insolvenzquote somit 100 % beträgt, werden nachrangige

Insolvenzforderungen nach ausdrücklicher Aufforderung des Insolvenzgerichts erfüllt. Dazu können Kosten gehören, die den Insolvenzgläubigern durch ihre Teilnahme am Verfahren entstanden sind oder auch Zinsen auf Insolvenzforderungen. Die geplante Verteilung der Insolvenzmasse wird durch den Insolvenzverwalter im Schlussverzeichnis dokumentiert. Das Insolvenzgericht muss der Verteilung zustimmen.

Schlusstermin
Die letzte Gläubigerversammlung vor der Beendigung des Insolvenzverfahrens findet im Rahmen des Schlusstermins statt. Gläubiger haben noch einmal eine letzte Gelegenheit, gegen das Schlussverzeichnis Einwendungen zu erheben, über die das Insolvenzgericht entscheiden muss. Gibt es keine Einwendungen bzw. ist über die Einwendungen endgültig entschieden worden, wird das Schlussverzeichnis rechtskräftig und der Insolvenzverwalter kann die Verteilung der Insolvenzmasse vornehmen.

Nach der Insolvenz
Nachdem die Schlussverteilung vollzogen wurde, beschließt das Insolvenzgericht die Aufhebung des Insolvenzverfahrens. Juristische Personen (zum Beispiel Aktiengesellschaften, Gesellschaften mit beschränkter Haftung) werden aus dem Handelsregister gelöscht und sind somit liquidiert.

Wurde während des Insolvenzverfahrens für die Sanierung des Schuldners optiert, kann das Unternehmen auch noch weiter existieren. Im Insolvenzverfahren kommen als Mittel der Sanierung die Restschuldbefreiung, der Insolvenzplan und die übertragende Sanierung in Betracht. Mittels einer Restschuldbefreiung werden natürliche Personen nach Abschluss des Insolvenzverfahrens entschuldet. Der Insolvenzplan sieht regelmäßig eine gerichtlich bestätigte, von der Insolvenzordnung abweichende Teilzahlungsvereinbarung mit den Gläubigern vor. Im Rahmen einer übertragenden Sanierung werden die unbelasteten Vermögensgegenstände des schuldenden Unternehmens an neue Eigentümer verkauft. Der Verkaufserlös wird unter den Gläubigern verteilt.

Sollte der Insolvenzverwalter seine Pflichten verletzt haben, können gegen ihn im Nachgang zum Insolvenzverfahren Haftungsansprüche geltend gemacht werden (vgl. Abschn. 5.5).

Einordnung in das Risiko- und Lieferantenmanagement

Die Bewältigung von Lieferanteninsolvenzen weist enge Verknüpfungen zum Risiko- und Lieferantenmanagement eines beschaffenden Unternehmens auf. Lieferanteninsolvenzen sollten daher im Risiko- und Lieferantenmanagement „mitgedacht" werden.

Das Risikomanagement in der Beschaffung beschäftigt sich mit grundsätzlichen Gefährdungen der Zielerreichung des Einkaufs (Gabath 2011, S. 15). Häufig umfasst das System zum Risikomanagement in der Beschaffung folgende grundsätzliche Phasen:

- Risikoidentifikation
- Risikoanalyse und -bewertung
- Planung und Bewertung bzw. Priorisierung von Maßnahmen der Risikovermeidung, -überwälzung, -minderung oder -übernahme
- Überwachung und Auswertung der getroffenen Maßnahmen und des Risikomanagementsystems

Alle genannten Phasen können Bezüge zur Bewältigung von Lieferanteninsolvenzen aufweisen. So können in Zeiten einer Rezession oder struktureller Umbrüche einer Branche, Lieferanteninsolvenzen als bedeutendes Risiko in der Phase der Risikoidentifikation ermittelt werden. Während der Risikoanalyse und -bewertung können besonders insolvenzbedrohte Lieferanten entdeckt und gefiltert werden, bevor in der folgenden Phase geeignete Maßnahmen der Risikovermeidung (zum Beispiel Lieferantenwechsel), Risikoüberwälzung (zum Beispiel Abschluss einer Versicherung gegen Produktionsausfälle), Risikominderung (zum Beispiel Aufbau einer Second-Source) oder Risikoübernahmen (zum Beispiel Aufbau von Beständen) ergriffen werden. Schließlich sollte die Wirksamkeit der Maßnahmen im

E. Holschbach und J. H. Grimm, *Management von Lieferanteninsolvenzen*, essentials, https://doi.org/10.1007/978-3-658-32316-5_3

Rahmen von Lieferanteninsolvenzen insbesondere nach Eintritt einer Insolvenz überprüft und ggf. angepasst werden.

Das Lieferantenmanagement beschäftigt sich mit der aktiven Gestaltung, Steuerung und Entwicklung der Zusammenarbeit mit Lieferanten und bezieht sich auf den gesamten Lebenszyklus eines Lieferanten im beschaffenden Unternehmen (Appelfeller und Buchholz 2011, S. 4–7). Häufig setzt das Lieferantenmanagement bereits bei der Lieferantenauswahl und -qualifikation ein, umfasst die Lieferantenbewertung und -klassifizierung, die Lieferantenförderung als auch die Trennung (Phase-out) von Lieferanten. Auch diese Phasen des Lieferantenmanagements besitzen hohe Verbindungen zur Bewältigung von Lieferanteninsolvenzen.

Das Management von Lieferanteninsolvenzen wird im Nachfolgenden nach präventiven Maßnahmen (vgl. Kap. 4) und kurativen Maßnahmen (vgl. Kap. 5) strukturiert. Präventive Maßnahmen weisen einen vorbeugenden und vorbereitenden Charakter auf, um für den Fall der Fälle gut gerüstet zu sein. Kurative Maßnahmen werden ergriffen, wenn der konkrete Insolvenzfall eintritt.

Diese Strukturierung geht weitestgehend auch mit einer Betrachtungsweise einher, die strategisch-methodische und tendenziell eher taktisch-operative Ansätze unterscheidet. Die strategisch-methodische Ebene behandelt vor allem die Gestaltung der Voraussetzungen zur möglichst optimalen Identifikation und Bewältigung des Insolvenzrisikos von Lieferanten (zum Beispiel Anbindung eines Systems zur Einholung von Bonitätsauskünften) als auch der grundsätzlichen Gestaltung ihrer Handhabung (zum Beispiel Entwicklung eines generellen Prozesses zum Umgang mit Lieferanteninsolvenzen). Die taktisch-operative Ebene bezieht sich häufig auf den einzelnen Insolvenzfall und überlässt den jeweiligen Akteuren einen gewissen Handlungsspielraum bei der Nutzung der strategischen Instrumente. Nichtsdestotrotz können auch im einzelnen Insolvenzfall unter „kurativen" Gesichtspunkten sehr strategische Aspekte in den Vordergrund treten, wie zum Beispiel die Erarbeitung von Verlagerungsstrategien zu alternativen Lieferanten oder die Übernahme eines insolventen Lieferanten.

Abb. 3.1 gibt einen Überblick zu den Maßnahmen, die in den nachfolgenden Kapiteln erläutert werden. Das übergeordnete Ziel der Maßnahmen im Management von Lieferanteninsolvenzen ist es, die negativen Auswirkungen einer Lieferanteninsolvenz möglichst gering zu halten, d. h. die Verfügbarkeit der betroffenen extern bezogenen Leistungen weiterhin zu gewährleisten sowie die mit dem Insolvenzfall verbundenen zeitliche Involvierung und finanziellen Konsequenzen zu minimieren.

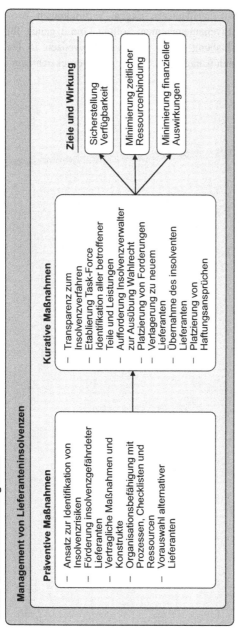

Abb. 3.1 Präventive und kurative Maßnahmen zur Bewältigung von Lieferanteninsolvenzen. (Quelle: Grimm und Holschbach (2020))

Die hier lediglich angedeuteten engen Verbindungen zwischen Risiko-, Lieferanten- und Insolvenzmanagement sollten Grund genug für die Beschaffung sein, die Handhabung von Lieferanteninsolvenzen in den bestehenden Risiko- und Lieferantenmanagementsystemen zu berücksichtigen und möglichst zu integrieren.

Präventive Maßnahmen bei möglichen Lieferanteninsolvenzen

4

Eine Vielzahl präventiver Maßnahmen sind ganz grundlegend und unabhängig von einem konkreten Insolvenzfall zu ergreifen, damit das beschaffende Unternehmen für den Fall der Fälle gut vorbereitet ist. Insbesondere erstrecken sich diese Maßnahmen von Ansätzen zur Identifikation von Insolvenzrisiken, über die Unterstützung von Lieferanten während Unternehmenskrisen, vertragliche Vorkehrungen, die Etablierung von Prozessen und Checklisten sowie die Weiterentwicklung der eigenen Organisation bis hin zur Vorauswahl von alternativen Lieferanten.

4.1 Identifikation von Insolvenzrisiken bei Lieferanten

Während des Lieferantenauswahlprozesses
Insolvenzrisiken sind frühestmöglich in einer Lieferantenbeziehung und damit bereits im Auswahlprozess zu betrachten. Das beschaffende Unternehmen kann folgende Faktoren in Anfragen, wie zum Beispiel in einem Request-for-Information (RFI) oder Request-for-Quotation (RFQ), aufnehmen und für Anbieter überprüfen:

- Rechtsform des Lieferanten: Wie stark haften die Eigentümer mit ihrem persönlichen Vermögen?
- Abhängigkeiten von Schlüsselkunden oder Geschäftsfeldern: Wie sehr ist das Unternehmen von einzelnen Kunden oder Geschäftsfeldern abhängig? Wie viel Umsatz erzielt der Lieferant mit einzelnen Schlüsselkunden oder Geschäftsfeldern?

© Der/die Autor(en), exklusiv lizenziert durch Springer Fachmedien Wiesbaden GmbH, ein Teil von Springer Nature 2020
E. Holschbach und J. H. Grimm, *Management von Lieferanteninsolvenzen*, essentials, https://doi.org/10.1007/978-3-658-32316-5_4

- Unternehmens-/Konzernstruktur: Befindet sich das Unternehmen in einer Unternehmensgruppe? Wie ist es abgesichert?
- Bilanz und deren Entwicklung in den vergangenen Jahren: Existieren Anzeichen von Überschuldung?
- Durchführung von Bonitätsprüfungen (ggf. mithilfe externer Anbieter)

Vor Vertragsabschluss sind jegliche Risiken im Rahmen des Beschaffungsentscheides explizit anzusprechen, d. h. die kommerziellen Mindestanforderungen auf Erfüllung zu prüfen und bereits mögliche risikominimierende Maßnahmen zu ergreifen (vgl. nachfolgende Kapitel). Weiter ist es wichtig, dass ein kontinuierliches Monitoring erfolgt, d. h. in angemessenen Abständen und nicht nur initial bei Vergabe. Das nachfolgende Kapitel greift die Risikoidentifikation in bestehenden Lieferantenbeziehungen auf, wobei Elemente daraus auch bereits im Auswahlprozess einfließen können.

In bestehenden Lieferantenbeziehungen
Die Identifikation von Insolvenzrisiken bei Lieferanten greift sowohl auf quantitative als auch qualitative Indikatoren zurück. Aufgrund der Tatsache, dass quantitative Indikatoren bzw. Finanzkennzahlen überwiegend eine ex-post- Perspektive – unter Umständen in Verbindung mit einer relativ großen Verzögerung – einnehmen, erweisen sich insbesondere aktuelle qualitative Indikatoren als besonders relevant.

Quantitative Risikoindikatoren und Finanzanalyse
Als eines der pragmatischsten Mittel wird in der Regel auf Bonitätsprüfungen von Anbietern wie Creditreform, Dun & Bradstreet oder Bisnode zurückgegriffen. Diese beruhen auf mehrstufigen Skalen, die Aussagen über eine Wahrscheinlichkeit des Zahlungsausfalls in zukünftigen Perioden (zum Beispiel 12 Monate) treffen. Wichtig ist, dass eine Bonitätsprüfung nicht nur einmalig bei Auftragsvergabe oder in langen jährlichen Zyklen erfolgt, sondern Veränderungen durch das beschaffende Unternehmen zeitnah erkannt werden. Dies wird über Anbindungen an das im Unternehmen existierende ERP-System unterstützt, welche automatisierte Frühwarnmeldungen zu den hinterlegten Kreditoren ermöglichen.

Insbesondere gilt es – gerade in konjunkturell schwierigen Phasen – zu bewerten, wie groß die Gefahr der Zahlungsunfähigkeit bzw. Insolvenz für den Lieferanten sein kann. Als weitere Quelle zur Risikoeinschätzung und als Grundlage für gezielte Gespräche mit dem betroffenen Lieferanten kann dessen Bilanz sowie Gewinn- und Verlustrechnung (GuV) dienen. Denn „eine Insolvenz [bricht] nicht einfach über ein Unternehmen herein. Meist baut sich die Krise im Vorfeld der Insolvenz systematisch auf und ist deutlich früher in den 'Zahlen' zu erkennen" (Heesen und Wieser-Linhart 2018, S. 2).

Informationen zu Inhabern, Geschäftsfeldern und der Kapitalausstattung sind im Handelsregister verfügbar. Jedoch muss nicht jedes im Handelsregister eingetragene Unternehmen seinen Jahresabschluss offenlegen. Die Offenlegungspflicht wird über das Publizitätsgesetz (PublG) und das Handelsgesetzbuch (HGB) geregelt. Insbesondere Kapitalgesellschaften (§§ 325–329 HGB) und eingetragene Genossenschaften (§ 339 HGB) müssen ihren Jahresabschluss (§ 264 HGB) beim Betreiber des elektronischen Bundesanzeigers einreichen und offenlegen (https://www.bundesanzeiger.de). Der Offenlegungsumfang richtet sich hierbei an der Größe des Unternehmens und definierten Kriterien aus (Berwanger et al. 2018).

Ein „Financial Quick Scan" sollte durch den Einkauf beim Lieferanten unmittelbar initiiert werden, wenn eine signifikante Verschlechterung der oben genannten Ratings beobachtet wird. Dabei ist immer zu beachten, dass Kennzahlen über einen gewissen Zeitraum (zum Beispiel drei bis fünf Jahre) sowie im zeitlichen und Branchenvergleich analysiert werden sollten. Neben der Vergangenheitsbetrachtung zu abgeschlossenen Geschäftsjahren, ist insbesondere die Situation im aktuellen Geschäftsjahr (Year-to-Date, YTD) sowie die Planung für künftige Perioden zu betrachten. Reine ad-hoc Betrachtungen haben nur geringen Aussagewert für den Einkauf. Eine periodenübergreifende Sicht lässt damit eine weitere Beurteilung zu, weshalb sich Ratings verschlechtert haben könnten und ob eine Insolvenzgefahr tatsächlich besteht.

Zur Durchführung solcher Beurteilungen wurde eine Unmenge an Kennzahlen entwickelt. In der Praxis hat sich ein von Koss (2002) vorgeschlagener kompakter Ansatz bewährt, mit dem anhand von vier Kennzahlen die Insolvenzgefahr von Lieferanten bewertet werden kann (vgl. hierzu eingehender Holschbach 2021). Dabei werden die Lieferanten anhand der in Tab. 4.1 dargestellten Skala bewertet, wobei die jeweiligen Werte ggf. an die Durchschnittswerte verschiedener Branchen (zum Beispiel Handel, verarbeitendes Gewerbe, Dienstleistungen) angepasst werden sollten.

Eigenkapitalquote

Die Eigenkapitalquote zeigt das Verhältnis von Eigenkapital zum Gesamtkapital (= Bilanzsumme) eines Unternehmens und wird folgendermaßen berechnet:

$$\text{Eigenkapitalquote (in Prozent)} = \frac{\text{Eigenkapital}}{\text{Gesamtkapital (= Bilanzsumme)}} \times 100$$

Tab. 4.1 Kennzahlen zur Bewertung der Insolvenzgefahr. (Quelle: Koss (2002))

	Sehr gut	Gut	Mittel	Schlecht	Insolvenz-gefährdet
	1	2	3	4	5
Eigenkapitalquote (%)	>30	>20	>10	<10	Negativ
Schuldentilgungsdauer (Jahre)	<3	<5	<12	>12	>30
Gesamtkapitalrentabilität (%)	>15	>12	>8	<8	Negativ
Cash Flow im Verhältnis zur Betriebsleistung (%)	>10	>8	>5	<5	Negativ

Eine hohe Eigenkapitalquote stellt einen größeren Kapitalpuffer für einen Lieferanten im Krisenfall dar und ist daher positiv zu bewerten. Eine andere Frage ist es jedoch, ob die Finanzierung mit Eigenkapital auch immer betriebswirtschaftlich sinnvoll ist.[1] Die Kreditanstalt für Wiederaufbau (KfW) gibt die durchschnittliche Eigenkapitalquote für mittelständische Unternehmen des verarbeitenden Gewerbes mit ca. 38 %, des Handels mit ca. 30 %, der Baubranche mit 14 % und für Dienstleistungsunternehmen mit ca. 33 % an (Gerstenberger 2018, S. 1).

Schuldentilgungsdauer

Die Schuldentilgungsdauer (auch: dynamischer Verschuldungsgrad) zeigt, wie viele Jahre ein zulieferndes Unternehmen unter konstanten Bedingungen brauchen würde, um seine Schulden (Fremdkapital ohne flüssige Mittel) aus dem Cash-Flow vollständig zu tilgen. Mit anderen Worten: Wie weit reicht die Innenfinanzierungskraft des Lieferanten, um die Schulden zu bezahlen (Koss 2002, S. 189)? Die Schuldentilgungsdauer berechnet sich wie folgt:

$$\text{Schuldentilgungsdauer (in Jahren)} = \frac{\text{Fremdkapital ./. flüssige Mittel}}{\text{Cash-Flow}}$$

Je länger die Schuldentilgungsdauer, desto schwerer ist es für Lieferanten, neue Kredite zu erhalten. Außerdem verlängert sich mit der Schuldentilgungsdauer auch der Zeitraum, in dem Zinsaufwendungen den Lieferanten belasten und somit Möglichkeiten zur Investition reduziert werden.

---

[1]Auf die unterschiedliche Berechnung der Eigenkapitalquote bei Kapital- und Personengesellschaften sowie Einzelunternehmen soll im Folgenden nicht eingegangen werden. Für genauere Einblicke sei auf die einschlägige Fachliteratur verwiesen, siehe hierzu zum Beispiel Seppelfricke (2019).

Gesamtkapitalrentabilität

Die Gesamtkapitalrentabilität gibt die Verzinsung des gesamten eingesetzten Kapitals (d. h. Fremd- und Eigenkapital) eines Lieferanten an. Diese Verzinsung kann mit anderen Sparanlagen verglichen werden. Auf diese Weise kann sie bei der Beantwortung der Frage helfen, wie effizient der Lieferant das eingesetzte Kapital einsetzt. Als kritisch ist dabei anzusehen, wenn die Gesamtkapitalrentabilität unter den Fremdkapitalzins sinkt (Koss 2002, S. 189).

$$\text{Gesamtkapitalrentabilitat (in Prozent)} = \frac{\text{Gewinn vor Steuern} + \text{Fremdkapitalzinsen}}{\text{Gesamtkapital}} \times 100$$

Laut einer Studie vom Bundesverband der Deutschen Volksbanken und Raiffeisenbanken (BVR) und der DZ Bank AG lag die durchschnittliche Gesamtkapitalrentabilität deutscher Mittelstandsunternehmen im Jahr 2017 bei 8,8 % (Bley et al. 2018, S. 29).

Cash-Flow im Verhältnis zur Betriebsleistung

Der Cash-Flow (engl. für Geldfluss, Kassenzufluss) misst die Liquidität eines Unternehmens. Dabei wird der Finanzmittelzu- und -abfluss gegenübergestellt (saldiert). Im Anschluss wird der Cash-Flow ins Verhältnis zur Betriebsleistung gesetzt.

$$\text{Cash-Flow zu Betriebsleistung (in Prozent)} = \frac{\text{Cash-Flow}}{\text{Betriebsleistung}} \times 100$$

Mit dieser Kennzahl kann beantwortet werden, wie viel Prozent des Nettoumsatzes eines Lieferanten nach Abzug von Auszahlungen einem Lieferanten zur Verfügung stehen. Sie kann vom Einkäufer daher zur Einschätzung der Profitabilität des Lieferanten genutzt werden und mögliche Preisforderungen untermauern.

Anhand dieser vier wesentlichen Kennzahlen und der Einordnung in das obige Bewertungsschema lässt sich die finanzielle Lage und Insolvenzgefahr eines Lieferanten durch den Einkauf weiter bewerten (vgl. Tab. 4.1).

Die Kompetenz, Bilanzen und GuV interpretieren zu können, erlangt ganz allgemein immer größere Bedeutung für Einkäufer, da mit ihr Kostenstrukturen besser verstanden und mögliche Einsparpotenziale bei Lieferanten identifiziert werden können.

Qualitative Risikoindikatoren

Quantitative Indikatoren haben einen ausgeprägten ex-post-Charakter. Daher ist insbesondere bei Lieferanten, die als risikobehaftet eingestuft werden, auf latente qualitative Signale zu achten. Dies können unter anderem sein:

- Abrupte, unerwartete und/oder häufige Wechsel in Schlüsselpositionen (zum Beispiel Chief Financial Officer CFO)
- Starke Fluktuation oder merklicher Abbau der Mitarbeiterzahl
- Auffällig schlechte Erreichbarkeit verantwortlicher Mitarbeiter
- Beiläufige Aussagen von deren Mitarbeitern zur aktuellen Geschäftssituation bzw. mangelnde Loyalität der Mitarbeiter
- Auffällig hartnäckige Nachfragen zu Vorauszahlungen, Ratenzahlungen oder kürzeren Zahlungszielen in Vertragsverhandlungen
- Sinkende Qualitätskennzahlen und Termintreue
- Plötzliche Verschlechterung der Bearbeitung von Reklamationen
- Mitteilungen von Vorlieferanten zu Zahlungsunregelmäßigkeiten
- Zu späte Zahlung von Löhnen und Gehältern
- Verkauf bedeutender Gegenstände des Anlagevermögens
- Unerwartet niedrige Angebote (als mögliches Indiz dafür, dass der Lieferant um Aufträge ringt)

Neben dem offenen Ohr im Kontakt mit dem Lieferanten können regelmäßige Treffen mit anderen Unternehmen in der Branche wertvoll sein. Beide Seiten profitieren davon, wenn sie sich zur „Großwetterlage" im Lieferantenmarkt austauschen und eine enge Vernetzung zwischen ihren Risk- oder Lieferantenmanagern existiert.

4.2   System- und Softwareunterstützung

Ergänzend zu den bereits genannten Rating-Anbietern finden sich zunehmend Möglichkeiten, das Risikomanagement in Supply Chains durch sogenannte Software as a Service-Lösungen (SaaS) zu stärken. Hierbei sind exemplarische Lösungen wie Riskmethods (www.riskmethods.net) oder Resilience360 (www.res ilience360.dhl.com) zu nennen, die basierend auf aktuellen Daten sowie künstlicher Intelligenz auf Risiken und aktuelle Ereignisse aufmerksam machen. Als Datengrundlage dienen sowohl frei zugängliche Nachrichtenquellen als auch staatliche und private Datenbanken.

Die SaaS-Lösungen erstellen für den hinterlegten Lieferantenstamm ein Risikoprofil. Basierend auf definierbaren Kriterien werden verfügbare Daten permanent ausgewertet und der Nutzer erhält Warnmeldungen (Alerts) sobald Risikoindikatoren einen Schwellenwert überschreiten bzw. kritische Ereignisse eintreten. Dabei werden nicht nur kritische Aspekte gemeldet, die unmittelbar bei hinterlegten Lieferanten beobachtet werden, sondern es können auch Risiken aus den Reihen der Zulieferer höherer Wertschöpfungsstufen (Tier-n) einbezogen werden.

4.3 Förderung insolvenzgefährdeter Lieferanten

Zeichnen sich Unternehmenskrisen bei einem Lieferanten ab, die in einer Insolvenz münden können, bietet sich eine Reihe von Maßnahmen an, um die Lieferanten zu stützen. So hat beispielsweise der deutsche Lebensmittel-Discounter Aldi während der Corona-Krise die Zahlungsziele gegenüber seinen kleinen und mittleren Lieferanten zur Liquiditätssicherung temporär gekürzt (Farrell 2020).

Im Nachfolgenden sind Maßnahmen in drei Kategorien unterteilt, welche insbesondere darauf abzielen, die Umsatzlage bei Lieferanten zu verbessern, die Liquidität zu sichern und strukturelle Schwachstellen gemeinsam zu vermindern.

Umsatzsichernde Maßnahmen

- Erhöhung des eigenen Anteils am Umsatzvolumen beim betroffenen Lieferanten.
- Aussetzung vereinbarter Preissenkungen.
- Zusicherung von Abnahmeverpflichtungen.
- Akzeptanz von Preiserhöhung bei gleichzeitiger Gewährung einer offenen Kalkulation, Know-how-Transfer oder vertieftem Einblick in Fertigungsprozesse durch den Lieferanten.

Liquiditätsfördernde Maßnahmen

- Vorfinanzierung von Materialien und Dienstleistungen.
- Nutzung der Einkaufskonditionen (zum Beispiel für Vormaterialien) des beschaffenden Unternehmens durch den Lieferanten.
- Bündelung der Einkaufsbedarfe von Lieferant und beschaffendem Unternehmen unter Nutzung verbesserter Einstandspreise (Pooling).
- Erweiterte Beistellung von Vormaterialien.

- Working-Capital-Optimierung: Verkürzung der Zahlungsziele sowie Bestands-
optimierung beim Lieferanten.

Kollaborative, strukturelle Maßnahmen

- Gemeinsame Bankgespräche zur Optimierung der Konditionen zur Fremdfi-
nanzierung des Lieferanten.
- Gemeinsame Investorensuche.
- Gemeinsame Beantragung staatlicher Fördermittel.
- Investitionen beim und Beteiligungen am Lieferanten.
- Restrukturierung und Prozessoptimierungen.

4.4   Vertragliche Maßnahmen und Konstrukte

Ein wesentlicher Faktor, sich auf Lieferanteninsolvenzen effektiv vorzubereiten,
ist die Berücksichtigung des Insolvenzfalls in vertraglichen Vereinbarungen. Im
Nachfolgenden werden insbesondere folgende Aspekte beschrieben:

- Sonderkündigungsrecht und Lösungsklauseln
- Notfertigungsrechte
- Rechte an Konstruktionsdaten, Zeichnungen oder Quellcodes
- Escrow-Vereinbarungen
- Personal- und Realsicherheiten
- Werkzeugnutzung oder -eigentum
- Direkter Zugriff auf Unterlieferanten

Sonderkündigungsrecht und Lösungsklauseln
Unter einem Sonderkündigungsrecht bzw. einer Lösungsklausel wird das Recht
zur außerordentlichen Kündigung von Verträgen bei Eintreten zuvor vereinbarter
Umstände verstanden. Die vertragliche Zusicherung eines Sonderkündigungs-
rechts bzw. einer Lösungsklausel im Insolvenzfall des Lieferanten kann für das
beschaffende Unternehmen die Möglichkeit zu einer außerordentlichen Vertrags-
kündigung bieten und somit den Weg zu einem frühzeitigen Lieferantenwechsel
eröffnen.

   Die Rechtsprechung ist jedoch mit Sonderkündigungsrechten im Insolvenzfall vergleichsweise restriktiv (Bundesgerichtshof 2012). Im Insolvenzfall liegt
das Wahlrecht zur Erfüllung von laufenden Verträgen beim Insolvenzverwalter
(vgl. Abschn. 2.3). Somit ist die Wirksamkeit von Lösungsklauseln in Bezug

auf die Eröffnung eines Insolvenzverfahrens umstritten. Unstrittig ist jedoch, dass Lösungsklauseln wirksam sind, „die für den Fall der Abweisung des Insolvenzantrags mangels Masse eine Vertragsbeendigung oder ein Sonderkündigungsrecht des Geschäftspartners vorsehen; ebenso Klauseln, die nicht unmittelbar auf die Insolvenz abstellen, sondern allgemeiner auf eine Verletzung einer vertraglichen Pflicht, zum Beispiel auf den Verzug mit einer Lieferung" (Falkenstein 2016).

In der Praxis wird empfohlen, die Sonderkündigungsrechte inhaltlich sauber zu trennen, um einer vollständigen Unwirksamkeit der Lösungsklausel im Falle des Vorliegens mehrerer Kündigungsgründe vorzubeugen (Lang-Dankov 2015). Diese Sichtweise spiegelt sich auch in der nachfolgenden exemplarischen Klausel eines Tier-1 Lieferanten in der Automobilindustrie wider:

„Ein wichtiger Grund [für ein Sonderkündigungsrecht durch das beschaffende Unternehmen] liegt insbesondere dann vor, wenn a) der Lieferant unmittelbar aufeinanderfolgend, erhebliche Terminüberschreitungen verursacht, b) der Lieferant wiederholt erheblich gegen die Qualitätsvorschriften der Firma verstößt, c) über das Vermögen des Lieferanten das Insolvenzverfahren oder ein gerichtliches oder außergerichtliches Vergleichsverfahren eröffnet oder ein entsprechender Antrag (durch den Lieferanten oder durch einen Dritten, soweit kein rechtsmissbräuchlicher Antrag vorliegt) gestellt wurde, auch wenn ein solcher Antrag mangels Masse abgelehnt wurde, d) die Gründe für die Eröffnung eines Insolvenzverfahrens oder eines vergleichbaren Verfahrens über das Vermögen des Lieferanten vorliegen oder ein Zwangsvollstreckungsverfahren gegen das Gesamtvermögen des Lieferanten oder eines wesentlichen Teils seines Vermögens eingeleitet wurde, e) sich eine wesentliche Änderung der Eigentumsverhältnisse oder Anteile am Unternehmen des Lieferanten vollzieht, aufgrund derer von der Firma eine Fortsetzung des Liefervertrages vernünftigerweise nicht erwartet werden kann, f) der Kunde von der Firma den Liefervertrag mit der Firma über das Produkt, in welches die Liefergegenstände bisher einflossen, beendet sowie g) sich die Vermögenslage des Lieferanten wesentlich verschlechtert und dadurch die Stabilität der Belieferung gefährdet ist oder der Lieferant die Zahlungen einstellt. Der Lieferant ist – bis auf den unter f) genannten Fall – verpflichtet, der Firma über den Eintritt eines der vorgenannten Ereignisse unverzüglich schriftlich zu informieren."

Notfertigungsrechte

Ein Notfertigungsrecht gibt dem beschaffenden Unternehmen die Möglichkeit, bisher vom Lieferanten gelieferte Produkte im eigenen Hause herzustellen, wenn das Insolvenzverfahren über den Lieferanten eröffnet wird oder der Lieferant aus einem anderen Grund seine Produktion einstellt.

Mit einer Vertragsklausel zum Notfertigungsrecht kann geklärt werden, in welchem Umfang das beschaffende Unternehmen Werkzeuge, Prototypen, Fertigungsunterlagen, Maschinen sowie Know-how und Schutzrechte im Besitz des in Insolvenz befindlichen Lieferanten nutzen kann. Auch das Recht zum Betreten des Betriebsgeländes des Lieferanten kann darin vereinbart werden.

Ähnlich den insolvenzbedingten Sonderkündigungsrechten ist die rechtliche Wirksamkeit von Notfertigungsrechten im Falle einer Lieferanteninsolvenz jedoch umstritten. Vergleichsweise klar ist, dass ein solches Notfertigungsrecht rechtlich nach der Eröffnung des Insolvenzverfahrens greifen kann. Inwieweit ein Notfertigungsrecht das vertragliche Wahlrecht des Insolvenzverwalters aushöhlt, muss jedoch im Einzelfall geklärt werden. Ein beschaffendes Unternehmen muss daher auch bei Abschluss einer Notfertigungsklausel damit rechnen, dass der vorläufige, aber auch der endgültige Insolvenzverwalter die Herausgabe von Fertigungsmaterialien und -unterlagen sowie den Zutritt auf das Betriebsgelände des Lieferanten zunächst verweigert.

Ein Notfertigungsrecht sollte aufgrund dieser Unsicherheiten daher juristisch genau geprüft werden. Ein entsprechender vertraglicher Passus in Verbindung mit Herausgabeansprüchen von Fertigungsmitteln kann beispielsweise so gestaltet werden:

„Soweit der Lieferant zur Einhaltung der Termine absehbar dauerhaft nicht im Stande ist, ist er nach Setzung einer Frist und auf Verlangen des Käufers verpflichtet, alle zur Fertigung erforderlichen Werkzeuge/Vorrichtungen die im Eigentum des Käufers stehen, sowie aus abgeleitetem Recht auch Werkzeuge/Vorrichtungen, die im Eigentum von Dritten stehen, unverzüglich herauszugeben, sodass der Käufer für die Dauer der Verhinderung des Lieferanten die Liefergegenstände selbst oder durch einen Dritten fertigen kann. Die Kosten der Verlagerung trägt der Lieferant, soweit er den Verzug zu vertreten hat. Ansprüche des Lieferanten wegen der Verlagerung sind ausgeschlossen. Weitergehende Schadensersatzansprüche des Käufers bleiben unbenommen."

Rechte an Konstruktionsdaten, Zeichnungen oder Quellcodes

Bei einer Lieferanteninsolvenz kann es schwierig sein, nachzuweisen, ob der Zulieferer oder das beschaffende Unternehmen über das geistige Eigentum beziehungsweise die Immaterialgüterrechte am betreffenden Beschaffungsobjekt verfügt. Einfacher gestaltet sich dies, wenn Immaterialgüterrechte in Verträgen klar geregelt sind. Bei einer Lieferanteninsolvenz kann das beschaffende Unternehmen einen Know-how-Transfer zu einem neuen Lieferanten so einfacher realisieren, da ein aufwendiges Reengineering unnötig wird. Auf diese Weise wird auch eine raschere Qualifizierung eines Alternativlieferanten möglich. Eine entsprechende vertragliche Formulierung kann zum Beispiel lauten:

„Falls ein Liefervertrag Entwicklungsarbeiten enthält, die durch den Käufer bezahlt werden (sei es durch Einmalzahlung oder über den Teilepreis), so werden sämtliche Entwicklungsergebnisse, insbesondere Know-how, Versuchs- und Entwicklungsberichte, Anregungen, Ideen, Entwürfe, Gestaltungen, Zeichnungen, Vorschläge, Muster, Modelle, Software inklusive Source Code, Datensätze, CAD inklusive Historie etc. (zusammen „Arbeitsergebnisse"), die der Lieferant im Rahmen des Liefervertrags erzielt oder verwendet, Eigentum des Käufers."

Escrow-Vereinbarung.
Bei Escrow-Vereinbarungen handelt es sich um ein Hilfsmittel für den Zugriff auf „kritische" Daten wie Konstruktionszeichnungen, Quellcode oder Dokumentationen. Die Realisierung einer Escrow-Vereinbarung erfolgt über ein Treuhandkonto. Erst bei Eintritt eines definierten Ereignisses, wie einer Lieferanteninsolvenz, erhält das beschaffende Unternehmen Zugang zu diesen Daten, um die weitere Nutzung oder Herstellung eines Gutes zu gewährleisten. Eine Escrow-Vereinbarung kann zum Beispiel über Treuhänder, Banken oder sonstige Dienstleister realisiert werden. Die Autoren Erben und Günther (2018, S. 44), weisen allerdings daraufhin, dass es „nicht vollkommen rechtssicher [ist], ob im Insolvenzfall dann auch tatsächlich die Herausgabe verlangt werden kann oder ob nicht der Insolvenzverwalter ein vorrangiges Zugriffsrecht hat".

Nicht selten werden Escrow-Vereinbarungen bei Vertragsabschlüssen zwar berücksichtigt, jedoch findet eine tatsächliche Umsetzung, d. h. „Lagerung" der Daten beim Treuhänder, nicht statt. Daher sollte es das beschaffende Unternehmen nicht versäumen, die Güte der Daten und die tatsächliche Hinterlegung sicherzustellen. Ebenso sind die Abgaben von Updates und neuen Releases, insbesondere im Rahmen von Softwareentwicklungsprojekten, kontinuierlich zu überwachen.

Personal- und Realsicherheiten
Ein beschaffendes Unternehmen kann mögliche Forderungen gegenüber Lieferanten durch zusätzliche Sicherungsgeschäfte über das Insolvenzverfahren hinaus absichern. Handelt es sich bei den Sicherheiten um Bürgschaften, Patronatserklärungen, Zahlungs- oder Bankgarantien spricht man von Personalsicherheiten. Personalsicherheiten werden bei Bauvorhaben zum Beispiel in Form von Gewährleistungsbürgschaften von Lieferanten gefordert. Handelt es sich hingegen um die bereits erwähnten Aussonderungs- oder Absonderungsrechte spricht man von Real- oder dinglichen Sicherheiten. Aussonderungs- und Absonderungsrechte,

die durch dingliche Sicherheiten begründet werden können, wurden bereits in Abschn. 2.3 eingehender behandelt. Darüber hinaus sollen ausgewählte Arten der Personalsicherheiten im Folgenden kurz erläutert werden. Beschaffenden Unternehmen ist zu empfehlen, Vorauszahlungen an insolvenzbedrohte Lieferanten nur gegen eine adäquate Art von Personalsicherheit zu leisten.

Bürgschaften
Geht jemand eine Bürgschaft ein, verpflichtet er (d. h. der Bürge) sich damit dem Gläubiger gegenüber, für die Erfüllung einer Verbindlichkeit des Schuldners einzustehen. Es handelt sich bei einer Bürgschaft um ein eigenes Leistungsversprechen des Bürgen gegenüber dem Gläubiger. Die Hauptschuld des eigentlichen Schuldners wird dem Gläubiger gegenüber durch eine Bürgschaft abgesichert.

In der Bauwirtschaft haben unter anderem sogenannte Gewährleistungsbürgschaften eine hohe Bedeutung. Eine Gewährleistungsbürgschaft dient dabei dazu, mögliche Mängelansprüche eines Auftraggebers bzw. beschaffenden Unternehmens gegenüber einem Lieferanten (zum Beispiel Bauunternehmen) sicherzustellen. Hierbei übernimmt eine Bank oder Versicherung (Bürge) in der Gewährleistungsfrist auftretende Mängel für den Auftragnehmer bis zur Höhe der Gewährleistungsbürgschaft.

Der Bürge hat nach Befriedigung des Gläubigers einen Rückgriffsanspruch gegen den Schuldner. Nimmt der Gläubiger bzw. das beschaffende Unternehmen den Bürgen nicht in Anspruch, kann der Gläubiger trotz der Bürgschaft seine Forderung im Insolvenzverfahren anmelden. Dies gilt selbstverständlich nicht, falls der Bürge die Forderungen des Gläubigers bereits vor Eröffnung des Insolvenzverfahrens vollständig erfüllt hat.

Ein beschaffendes Unternehmen sollte beachten, dass sich der Bürge von seiner Bürgschaft befreien lassen kann, falls sich die Vermögensverhältnisse des Schuldners nach Übernahme der Bürgschaft massiv verschlechtern. Die vertraglichen Regelungen der Bürgschaft sollten daher vom beschaffenden Unternehmen regelmäßig mit den wirtschaftlichen Verhältnissen des Schuldners abgeglichen werden.

Patronatserklärung
Patronatserklärungen werden häufig von Konzernmüttern gegenüber den Gläubigern ihrer Tochterunternehmen abgegeben. Die Muttergesellschaft (der „Patron") verspricht damit, die Bonität der Tochtergesellschaft aufrechtzuerhalten. Die Patronatserklärung existiert in harter und weicher Form.

Die harte Patronatserklärung räumt eine zusätzliche rechtsverbindliche Einstandspflicht des Patrons ein. Der Patron haftet somit neben dem Schuldner für die Erfüllung eines Vertrages. Sie kann zur Vermeidung der Überschuldung eines Schuldners geeignet sein. Ein Beispiel könnte lauten (Kramer und Peter 2014, S. 39):

„Die A-AG verpflichtet sich gegenüber der B-GmbH, diese in jedem Fall mit den finanziellen Mitteln auszustatten, welche erforderlich sind, damit die B-GmbH ihre finanziellen Verpflichtungen gegenüber ihren Gläubigern erfüllen kann."

Die weiche Patronatserklärung ist hingegen nicht mit rechtlichen Verpflichtungen verbunden. Durch sie ergeben sich somit für Gläubiger keine Vorteile. Eine Formulierung für eine weiche Patronatserklärung könnte lauten (Kramer und Peter 2014, S. 39):

„Unsere Gesellschaft wird ihren Einfluss geltend machen, damit unsere Tochtergesellschaft deren Verbindlichkeiten nachkommt."

Falls einem beschaffenden Unternehmen hinsichtlich der Vertragserfüllung eines Lieferanten eine Patronatserklärung abgegeben wurde, sollte beachtet werden, dass sie ordentlich mit angemessener Frist vom Patron auch wieder gekündigt werden kann. Ihr Bestehen sollte somit regelmäßig überprüft werden.

Zahlungsgarantien

Durch eine Zahlungsgarantie verpflichtet sich ein Dritter, für die Zahlung eines Gläubigers einzustehen. Der Dritte geht damit eine eigene Pflicht zur Zahlung gegenüber dem Gläubiger ein. Somit erhält der Gläubiger eine von der ursprünglichen Verbindlichkeit des Schuldners unabhängige Sicherheit. In der Praxis kommen Zahlungsgarantien häufig in Form harter Patronatserklärungen einer Mutter- gegenüber einer Tochtergesellschaft vor. Eine solche Zahlungsgarantie läuft bei einer Insolvenz der Muttergesellschaft selbstverständlich aus Sicht des Gläubigers ins Leere. Daher sind Bankgarantien als besondere Form der Zahlungsgarantien vorzuziehen.

Bei einer Bankgarantie handelt es sich um ein „abstraktes, d. h. unabhängig vom Grundgeschäft bestehendes Zahlungsversprechen einer Bank in Form einer Garantie, durch die diese die finanzielle Absicherung eines Auftrages ihres Kunden übernimmt, sodass ein bestimmter Erfolg eintritt bzw. ein bestimmter Schaden nicht eintritt" (Altmann und Gessner 2018). Die Bank bzw. der Garant verpflichtet sich, den Garantiebetrag bei Eintritt eines definierten Garantiefalls bzw. Ereignisses gegenüber dem Garantiebegünstigten (zum Beispiel das beschaffende Unternehmen) zu zahlen.

Insbesondere bei neuen Lieferanten für die keine Erfahrungswerte vorliegen, eine Risikoabschätzung schwieriger durchzuführen ist oder Bewertungsergebnisse nicht optimal ausfallen, kann die Anwendung einer Bankgarantie aus Beschaffungssicht empfehlenswert sein.

Wenn Personalsicherheiten in Form von Bürgschaften, Patronatserklärungen, Zahlungs- bzw. Bankgarantien als risikominimierendes Mittel durch das beschaffende Unternehmen gewählt werden, ist es sinnvoll, die mit den Garantien verbundene Kosten bereits bei der im Ausschreibungsprozess im Sinne der Total-Cost-of-Ownership (TCO) zu berücksichtigen. Wesentliche Einflussfaktoren auf die die Höhe der zusätzlichen Kosten für Personalsicherheiten sind die Stellung und Reputation des Lieferanten, Laufzeit und abzudeckender Betrag sowie der Sicherheitengeber (zum Beispiel eine Bank) selbst.

Bei Bankgarantien können dabei zur ersten Einschätzung der Zusatzkosten ca. 1 % der Garantiesumme pro Jahr angesetzt werden. Zudem existieren im Internet bereits Vergleichsportale (zum Beispiel https://bestcompare.biz), die eine erste Indikation zu Bankgarantien und deren Konditionen geben.

Auch bei Bankgarantien ist es wie bei Eigentumsnachweisen und Escrow-Vereinbarungen essentiell, dass die Garantien nicht nur vertraglich vorgesehen, sondern auch formal korrekt ausgestellt sind (zum Beispiel Namen, Voraussetzungen oder Datum) und tatsächlich an das beschaffende Unternehmen übergeben werden. Das Dokument der Bankgarantie ist wie Bargeld zu behandeln. Ganz allgemein und unabhängig der spezifischen Betrachtungen im vorliegenden Kontext der Lieferanteninsolvenzen sind Bankgarantien in ein aktives Vertragsmanagement aufzunehmen. Insbesondere Bankgarantien mit längeren Laufzeiten sollte der Einkauf überprüfen, ob eine Auflösung zur Kostensenkung sinnvoll sein kann. Hierzu kann der Lieferant aufgefordert werden, beim Garanten ein Angebot zur Aufhebung über die Restlaufzeit einzuholen.

Vertragliche Regelungen zu Werkzeugnutzung und -eigentum
Werden zur Herstellung der Beschaffungsobjekte besondere Fertigungsmittel (zum Beispiel Werkzeuge oder Produktionsanlagen) benötigt, sollte das beschaffende Unternehmen vor der Auftragsvergabe an einen Lieferanten klären, ob sie Eigentum des Lieferanten oder des beschaffenden Unternehmens sein sollen.

Eigentumsverhältnisse oder alternative Nutzungsrechte für solche Werkzeuge sollten explizit vertraglich geregelt und nachvollziehbar sowie überprüfbar gestaltet werden. Die Zahlung des beschaffenden Unternehmens für das Werkzeug allein dokumentiert noch nicht in ausreichendem Maße die Eigentumsverhältnisse. Hierzu bietet sich die Anwendung Allgemeiner Werkzeugbedingungen (AWB) als Vertragsbestandteil an, die bei der Bestellung von Werkzeugen vereinbart werden.

Beispielhafte Formulierung aus den Allgemeinen Werkzeugbedingungen (AWB) eines Tier-1 Lieferanten in der Automobilindustrie:

„Das Eigentum des vom Käufer beauftragten bzw. bestellten Werkzeuges oder eines Teils hiervon geht bereits mit Beginn der Fertigung bzw. des Erwerbs durch den Lieferanten für alle unvollendeten Zwischenstadien inkl. der dazugehörigen Dokumentation und etwaiger Anwartschaftsrechte auf den Käufer über. Jeder verlängerte oder erweiterte Eigentumsvorbehalt des Lieferanten ist ausgeschlossen. Das Eigentum geht unabhängig von der Bezahlung des Werkzeuges über, die Verpflichtung des Käufers zur Bezahlung entsprechend dem jeweiligen Fertigungsstand bleibt davon unberührt. Dieser Eigentumsübergang stellt keinesfalls eine Abnahme der jeweiligen unvollendeten Zwischenstadien oder des Werkzeugs dar."

„Der Käufer überlässt dem Lieferanten das Werkzeug sowie die dazugehörige Dokumentation unentgeltlich zur Fertigung von Liefergegenständen und zwar solange, bis der Käufer die Herausgabe desselben [...] verlangt (Besitzmittlungsverhältnis). Der Lieferant hat das Werkzeug spätestens mit Fertigstellung als Eigentum des Käufers gut sichtbar zu kennzeichnen. Die vom Käufer beigestellten bzw. die für den Käufer hergestellten Werkzeuge sind vom Lieferanten gut sichtbar und dauerhaft mit den dafür vorgesehenen Werkzeugschildern des Käufers zu kennzeichnen. Dies gilt auch für Werkzeuge im teilgefertigten Zustand. Auf Anforderung des Käufers hat der Lieferant zusätzlich die vom Käufer in der Werkzeugbestellung vorgegebene(n) Werkzeugnummer(n) zu vermerken bzw. Fotos zum Nachweis der Kennzeichnung vorzulegen."

Die AWB gehen dabei ebenso auf die Herausgabe der Werkzeuge ein:

„Der Käufer ist jederzeit berechtigt, die Herausgabe einzelner oder aller Werkzeuge, der zugehörigen Dokumentation, Werkzeuglebenslauf und aller bestehenden Einzel- und/oder Ersatzteile für das Werkzeug zu verlangen. Ordnet die Firma die Herausgabe der Werkzeuge oder die Überstellung derselben an einen anderen Ort oder zu einem Dritten an, ist der Lieferant verpflichtet, diese Anordnung unverzüglich und auf erste Aufforderung hin durchzuführen.[...] Der Lieferant hat an den entsprechenden Werkzeugen und Dokumentationen kein Zurückbehaltungsrecht, soweit die Gegenforderung nicht unbestritten oder durch ein rechtskräftiges Urteil festgestellt ist."

Auch bei den AWB ist es entscheidend, dass die vertragliche Umsetzung durch das beschaffende Unternehmen überprüft wird bzw. ein Nachweis über die Kennzeichnung durch den Lieferanten erbracht wird (siehe obige exemplarische Klausel).

Die Beschaffung von Werkzeugen ist zudem zwischen Einkauf und Finanzbereich abzustimmen: Denn wenn Werkzeuge im Eigentum des beschaffenden Unternehmens sind, und es sich nicht nur um eine kurzfristige Nutzung (zum

Beispiel kleiner ein Jahr) sowie nicht um einen unerheblichen Betrag handelt, so sind die Werkzeugkosten entsprechend auf einem Anlagenkonto zu verbuchen und angemessen abzuschreiben (Weber 2018).

Möglichkeit (direkter) Zugriff auf Unterlieferanten
Die vertragliche Zusicherung auf Unterlieferanten im Insolvenzfall direkt zugreifen zu dürfen, kann kritische Lieferabrisse verhindern. Bestehende Lieferverbindungen zwischen Lieferant und Unterlieferant können dadurch ergänzt oder umgangen werden, sodass notwendige Leistungen der Unterlieferanten direkt vom beschaffenden Unternehmen bezogen oder Alternativlieferanten beigestellt werden können.

Im Gegenzug werden Rechnungen auf Basis von Lieferungen oder Leistungen des Unterlieferanten auch direkt vom beschaffenden Unternehmen beglichen.

Eine beispielhafte Vertragsformulierung aus den Allgemeinen Einkaufsbedingungen eines europäischen Bahnunternehmens lautet entsprechend:

> „Bei Zahlungsschwierigkeiten des Lieferanten oder bei schwerwiegenden Differenzen zwischen dem Lieferanten und von ihm beauftragten Dritten oder dem Käufer kann letzterer nach vorheriger Anhörung der Beteiligten und gegen gültige Rechnungsstellung, die beauftragten Dritten direkt bezahlen oder den Betrag hinterlegen, beides mit befreiender Wirkung."

Teilweise existieren zwischen Lieferanten und Unterlieferanten Exklusivitätsvereinbarungen, die einen Direktbezug durch das beschaffende Unternehmen ausschließen. Deshalb sollte ergänzend in Vertragsformulierungen berücksichtigt werden, dass in solchen Fällen eine direkte vertragliche Beziehung zwischen dem beschaffenden Unternehmen und Unterlieferanten eingegangen werden kann.

4.5   Befähigung der Organisation mit Prozessen, Checklisten und Ressourcen

Neben den zuvor aufgezeigten vertraglichen Aspekten kann es sinnvoll sein, die Einkaufsorganisation mithilfe entsprechender Prozesse und Checklisten auf Lieferanteninsolvenzen vorzubereiten. Darunter fällt auch die Wissensweitergabe von erfahrenen Einkäufern an jüngere Kollegen sowie die präventive Bereitstellung von Ressourcen (zum Beispiel Budgets) für die in der Lieferanteninsolvenz verantwortlich handelnde Task-Force.

Prozesse und Checklisten zum Umgang mit Lieferanteninsolvenzen
Die Formalisierung der notwendigen Aktivitäten im Fall von Lieferanteninsolvenzen mittels einer Prozessdokumentation gibt in Verbindung mit einer Checkliste den handelnden Mitarbeitern im beschaffenden Unternehmen eine Orientierung und konserviert Wissen und Erfahrungen aus vergangenen Fällen. Insbesondere unerfahrene Einkäufer, die bislang noch keine „Krise" durchlaufen haben, erhalten dadurch einen Überblick über wesentliche Aspekte im Umgang mit Lieferanteninsolvenzen und können sie schrittweise bearbeiten.

Es bietet sich an, die Prozesse und Checklisten nach den Phasen einer Lieferanteninsolvenz zu strukturieren (vgl. Kap. 2), damit im zeitlichen Ablauf einer Insolvenz keine kritischen Punkte vergessen werden. Ebenso sollten im Prozess und der Checkliste Verantwortlichkeiten in der eigenen Organisation möglichst präzise definiert werden, um Unstimmigkeiten und Verzögerungen während einer Lieferanteninsolvenz zu vermeiden. Eine Checkliste mit konsolidierten „Good Practices" zur Bewältigung von Lieferanteninsolvenzen befindet sich im Anhang Kap. 7.

Ein wichtiger Erfolgsfaktor beim Umgang mit einer Lieferanteninsolvenz ist die Einbindung der unterschiedlichen Anspruchsgruppen im Unternehmen und damit die funktionsübergreifende Zusammenarbeit von Einkauf, Rechtsabteilung, Bedarfsträger, Finanzen, Kreditorenbuchhaltung usw. (vgl. Abschn. 5.2 zu Task-Force).

Der Prozess zum Umgang mit Lieferanteninsolvenzen besitzt eher einen „Ausnahmecharakter". Dennoch sollte er vom Einkauf in größeren Abständen mit dem Make-or-Buy-Entscheidungsprozess gespiegelt und verzahnt werden. Dabei können unter anderem folgende Fragen hilfreich sein: Existieren möglicherweise gefährliche Abhängigkeiten zu (insolvenzgefährdeten) Lieferanten? Wo sollte ggf. ausgelagerte Kompetenz wieder intern aufgebaut oder alternativ eine Second-Source aufgebaut werden (vgl. Abschn. 4.6 zum Aufbau alternativer Lieferanten)?

Aktives Werkzeugmanagement
In Abschn. 3.4 wurde bereits auf die Bedeutung vertraglicher Regelungen zu Werkzeugnutzung und -eigentum eingegangen. Vergangene Lieferanteninsolvenzen zeigen zudem, dass sich ein aktives Werkzeugmanagement bewährt hat. Hierzu kann gehören, die Aufgabe eines Werkzeug-Managers in der Organisation zu verankern. Zu dessen Funktion kann unter anderem die Sicherstellung der Inventarisierung aller Werkzeuge inklusive ihrer Eigentumsverhältnisse und Standorten sowie deren Verifikation gehören. Unabhängig von Lieferanteninsolvenzen resultieren weitere Nutzen aus dieser Funktion, wenn Standzeiten der

Werkzeuge transparent sind und Werkzeuge dadurch rechtzeitig revidiert oder neu erstellt werden. Weitere Potenziale können durch eine enge Begleitung des Fertigungsfortschritts beim Werkzeugmacher realisiert werden, falls die Werkzeugherstellung einen kritischen Pfad im Projekt darstellt. Ein Werkzeug-Manager kann zudem Erfahrungen zu Werkzeugauslegungen, -nutzungszeiten und -kosten im Unternehmen sammeln und verfügbar machen.

Befähigung von Mitarbeitern zum Umgang mit Lieferanteninsolvenzen
Aufgrund der in den letzten Jahren sinkenden Anzahl an Unternehmensinsolvenzen bestehen in vielen Einkaufsorganisationen auch nur geringe Erfahrungen mit Lieferanteninsolvenzen. Daher sollten Mitarbeiter zum besseren Umgang mit Lieferanteninsolvenzen befähigt werden.

In einem ersten Schritt kann es hierzu ratsam sein, innerhalb der Organisation transparent zu machen, welche Mitarbeiter bereits über Erfahrungen und Kompetenzen hinsichtlich Lieferanteninsolvenzen verfügen. Dies kann im Rahmen eines umfangreicheren Skill-Mappings geschehen, aus dem auch notwendige Entwicklungsmaßnahmen abgeleitet werden. Naturgemäß sind es meist jüngere Einkäufer, die noch keine Erfahrungen mit Lieferanteninsolvenzen gesammelt haben. Um ihnen das Wissen erfahrenerer Einkäufer zu erschließen, können kleine abteilungsinterne Schulungen zum Thema durchgeführt werden. Kommt es zu einer Lieferanteninsolvenz, kann ein in diesen Belangen vergleichsweise unerfahrener Einkäufer einen erfahrenen Task-Force-Leiter begleiten ohne unmittelbare Verantwortung zu tragen (sogenanntes Job Shadowing). Umgekehrt kann auch ein erfahrener Einkäufer einer Task-Force als Mentor zur Seite gestellt werden (vgl. Abschn. 5.2 zu Task-Force).

Festlegung einzubindender Entscheidungsgremien und Insolvenzfonds.
Da die Folgen von Lieferanteninsolvenzen im beschaffenden Unternehmen häufig unter großem zeitlichen Druck bewältigt werden müssen, ist es sinnvoll, die einzubindenden Gremien bereits im Vorfeld auf möglicherweise zu treffende Entscheidungen vorzubereiten. Solche Entscheidungen umfassen zum Beispiel die Einsetzung einer Task-Force, ihre Kompetenzen und den Grad der zeitlichen Freistellung ihrer Mitglieder sowie die Intensität der Beteiligung des beschaffenden Unternehmens am Insolvenzverfahren des Lieferanten. Außerdem müssen Gremien wie zum Beispiel die Geschäftsführung des beschaffenden Unternehmens auch involviert werden, wenn Unterstützungsmaßnahmen zur Vermeidung der Lieferanteninsolvenz oder die Beteiligung an dessen Sanierung zu genehmigen sind.

Als hilfreich hat sich zudem erwiesen, für Lieferanteninsolvenzen eine Art Insolvenzfonds oder eine Krisenkasse im beschaffenden Unternehmen bereits präventiv zu budgetieren. Diese Budgets können beispielsweise einer Task-Force den Handlungsspielraum geben, den insolvenzgefährdeten Lieferanten im begrenzten finanziellen Maße zu unterstützen. Außerdem kann ein solches Budget der Task-Force dazu dienen, notwendige Fertigungswerkzeuge kurzfristig in Auftrag zu geben, alternative Lieferanten zu identifizieren, zu qualifizieren und freizugeben oder das Reengineering von einem Zukaufteil durchzuführen.

4.6   Vorauswahl alternativer Liefeanten

Eine grundlegende Aufgabe des strategischen Einkaufs und Lieferantenmanagements ist es, den Beschaffungsmarkt kontinuierlich auf potenzielle neue Lieferanten zu prüfen. Damit verbundene Ziele sind beispielsweise Potenziale für Kostensenkungen zu identifizieren, externe Innovationen nutzbar zu machen oder bestehende Produkte zu verbessern. Für bestehende Lieferanten, für die ein erhöhtes Insolvenzrisiko identifiziert wurde, sollte in jedem Fall frühzeitig nach einem „Backup" gesucht werden: Ein Backup-Plan ist insbesondere in solchen Fällen wichtig, wo eine Single-Source- Situation besteht oder in Warengruppen, für die es grundlegend schwieriger ist, alternative Lieferanten aufzubauen. Die Schwierigkeit besteht meist darin, Alternativen aufzubauen, die die Anforderungen und Spezifikationen sowohl aus technischer (zum Beispiel Prozessqualität) als auch kommerzieller Sicht (zum Beispiel Lieferbedingungen) erfüllen können.

Sobald ein potenzieller Lieferant identifiziert wurde, kann umgehend eine Lieferantenqualifikation (Auditierung) erfolgen, um im Fall der Fälle die benötigte Zeit für das Einphasen zu verkürzen. Erfahrungsgemäß kann von der Identifikation eines Lieferanten bis zur Klärung von vertraglichen Eckpunkten einer Rahmenvereinbarung bereits eine beachtliche Zeit von mehreren Monaten vergehen, bevor überhaupt technische Machbarkeiten final geprüft und erfolgreich abgeschlossen worden sind. Als positiver Nebeneffekt kann ein solch alternativer Lieferant, sofern sinnvoll, bei Anfragen zur Deckung zukünftiger Bedarfe berücksichtigt und für die Erhöhung des Wettbewerbs genutzt werden. Kleinere Aufträge bieten sich für das Testen und die Sammlung von Erfahrungen mit dem neuen Lieferanten an, um diesen gegebenenfalls nachfolgend als Second-Source fest zu etablieren.

Kurative Maßnahmen zur Bewältigung von Lieferanteninsolvenzen

5

Kurative Maßnahmen sind zu ergreifen, sobald ein Insolvenzantrag über das Vermögen eines Lieferanten gestellt wurde und das beschaffende Unternehmen davon Kenntnis erhält. Vorrangiges Ziel der kurativen Maßnahmen ist es, die Verfügbarkeit bzw. den Leistungsbezug zu sichern sowie finanzielle Konsequenzen nach Möglichkeit zu minimieren. Dies beginnt mit der Transparenz zum Insolvenzverfahren und der Übersicht zu den wichtigsten Eckpunkten und Terminen. Die Bearbeitung einer Lieferanteninsolvenz empfiehlt sich im funktionsübergreifenden Task-Force-Modus, wobei ein detaillierter Überblick zu allen vom Lieferanten bezogenen Leistungen von zentraler Bedeutung ist. Meist ist der Aufbau zusätzlicher bzw. neuer Bezugsquellen notwendig. In seltenen Ausnahmen muss auch die Übernahme des insolventen Lieferanten in Erwägung gezogen werden. Abschließend sollte geprüft werden, ob Haftungsansprüche gegenüber dem Insolvenzverwalter geltend gemacht werden können.

5.1 Transparenz zum Insolvenzverfahren

Wird die Insolvenzantragstellung eines Lieferanten bekannt, so sind unmittelbar alle verantwortlichen und betroffenen Personen im Unternehmen zu informieren, d. h. insbesondere die Einkaufsleitung, die für den Lieferanten verantwortlichen Einkäufer, Disponenten, Produktion, Vertrieb, Rechtsabteilung usw.

Unter Einbeziehung der Rechtsabteilung sollte der Einkauf nachfolgend aufgelistete Aspekte zum Insolvenzverfahren in Erfahrung bringen:

- Zuständiges Insolvenzgericht
- Insolvenzverwalter inkl. Kontaktdaten

E. Holschbach und J. H. Grimm, *Management von Lieferanteninsolvenzen*, essentials, https://doi.org/10.1007/978-3-658-32316-5_5

- Stellung des Insolvenzverwalters (schwacher versus starker Insolvenzverwalter, vgl. hierzu Abschn. 2.1)
- Vom Gericht verfügte Sicherungsmaßnahmen
- Angaben zum Insolvenzkonto (Zahlungen an den Lieferanten dürfen nur noch auf dieses getätigt werden)

Mitunter wichtigste Quelle zum Insolvenzverfahren ist der Insolvenzverwalter, der nun den Lieferanten vertritt. Der Insolvenzverwalter kennt die Zusammensetzung des Schuldnervermögens, handelt im Sinne der Gläubiger und ist den Gläubigern zur Auskunft verpflichtet. Hilfreiche Informationsquellen können auch andere Kunden des Lieferanten sein.

5.2   Bearbeitung der Lieferanteninsolvenz im Task-Force-Modus

Einrichtung einer Task-Force
Im Falle einer Lieferanteninsolvenz kann rasches Handeln für das beschaffende Unternehmen entscheidend sein. Die Einkaufsleitung sollte zusammen mit der Geschäftsführung daher möglichst zügig die Schlüsselpersonen im Unternehmen benennen, die den Insolvenzfall je nach Einschätzung aktiv bearbeiten. Bei besonderer Kritikalität des Lieferanten sollte eine Task-Force als „schnelle Eingreiftruppe" etabliert werden.
    In der Task-Force sollten u. a. folgende Funktionsbereiche vertreten sein:

- Verantwortlicher strategischer Einkäufer als Schnittstelle zum Lieferanten/Insolvenzverwalter und zur Leitung der Task-Force
- Vertrieb als Schnittstelle zum Kunden und zur Bestimmung der Kritikalität der Lieferanteninsolvenz aus Kundensicht (zudem relevant, wenn Gegengeschäfte mit Lieferanten existieren)
- Bedarfsträger aus der Produktion zur Bestimmung Kritikalität und Einschätzung von Alternativen
- Disponent zur Bestimmung der Bedarfsmengen
- Entwicklung bzw. Engineering zur Identifikation und Einschätzung von Alternativen
- Finanzen zur Bewertung sowie Verfahrenssicherheit zu Finanzflüssen
- Rechtsabteilung zur Gewährleistung der Verfahrenssicherheit sowie Einhaltung von Rechten und Pflichten

Mit und in der Task-Force werden Zeitschienen, Eskalationsstufen und die Einbeziehung der Geschäftsführungs- bzw. Leitungsebene bestimmt. Ebenso kann eine Abstimmung mit anderen Kunden des betreffenden Lieferanten sinnvoll sein. Nicht selten finden bei kritischen Lieferanteninsolvenzen tägliche, morgendliche Task-Force-Sitzungen unter Einbezug des Topmanagements und direkte Abstimmungen mit dem betreffenden Lieferanten sowie ggf. sogar Kunden statt.

Für die weitere Bewältigung einer Lieferanteninsolvenz zahlt es sich nun aus, die im Rahmen der präventiven Maßnahmen entwickelten vertraglichen Rahmenbedingungen, Prozesse und Checklisten anzuwenden und auszuschöpfen (vgl. Abschn. 4.5). In den nachfolgenden Kapiteln werden weitere kurative Maßnahmen präsentiert, die Teil der zuvor entwickelten Prozesse und Checklisten sein sollten.

Identifikation betroffener Teile und Leistungen

Aus der Task-Force heraus gesteuert erfolgt eine Bestandsaufnahme zu allen vom Lieferanten bezogenen Gütern oder Dienstleistungen. Dabei sollten folgende Fragen vor allem vom Einkauf beantwortet werden:

- Welche Teile und Dienstleistungen sind betroffen?
- Welche Fertigungswerkzeuge und Vorrichtungen sind betroffen?
- Welche Zeichnungen, Daten, Know-how liegen beim Lieferanten?
- Wie wichtig sind diese für die eigene Wertschöpfung?
- Um welche Einkaufsvolumina handelt es sich über welchen Zeitraum?
- Welche alternativen Bezugsquellen sind vorhanden?

Wo entsprechende Möglichkeiten bestehen, sollte der operative Einkauf zusammen mit der Disposition einen Bestandspuffer für die Produktion aufbauen. Handelt es sich beim insolventen Lieferanten nicht um eine Single-Source, kann mit dem Alternativlieferanten bzw. der Second-Source über die Platzierung höherer Abnahmevolumina verhandelt werden. Neben der Absicherung der aktuellen Produktion ist es hierbei auch wichtig, einen Blick auf allfällige Ersatzteilbedarfe und Endbevorratungen zu haben.

Die Notwendigkeit und Dringlichkeit zur Entwicklung, Terminierung und Umsetzung von Verlagerungsstrategien resultiert dabei vor allem aus der Bedeutung der betroffenen Teile und Leistungen für das beschaffende Unternehmen und der Existenz und der Anzahl an Alternativlieferanten.

Für eine mögliche Aussonderung und Verlagerung ist es empfehlenswert, eine Übersicht zu allen Gegenständen (Materialien und Werkzeugen) und Daten (zum

Beispiel CAD-Zeichnungen) zu erstellen, die im Eigentum des beschaffenden Unternehmens sind und sich gegenwärtig beim Lieferanten befinden.

Darüber hinaus sind weitere Fragestellungen relevant, die gegebenenfalls als Forderungen gegenüber dem Lieferanten zu platzieren sind (vgl. Abb. 1.1):

- Sind Beistellmaterialien zur Verfügung gestellt worden?
- Wurden Vorauszahlungen getätigt?
- Existieren aktuell Gewährleistungsansprüche oder sonstige Claims?
- Wurden Gutschriften ausgestellt?
- Stehen noch Nacharbeiten aus?

Je nach Unternehmenskonstellationen kann es durchaus vorkommen, dass zwischen beschaffendem Unternehmen und Lieferanten Gegengeschäfte existieren, die dem Einkauf gar nicht bewusst sind. In einem solchen Fall sollten die Gegengeschäfte mit dem eigenen Vertrieb geprüft und ihre Bedeutung geklärt werden.

Aufforderung zur Ausübung des Wahlrechts und Platzierung der Forderungen gegenüber insolventen Lieferanten

Wie bereits in vorherigen Abschnitten beschrieben, sind nach Eröffnung des Insolvenzverfahrens über das Vermögen eines Lieferanten folgende Aufgaben in enger Kooperation zwischen Einkauf und Rechtsabteilung abzustimmen bzw. durchzuführen:

- Aufforderung des Insolvenzverwalters zur Ausübung seines vertraglichen Wahlrechts
- Prüfung bzw. Einforderung der Herausgabe von immateriellen Gütern, wie Konstruktions- und Werkzeugzeichnungen sowie den dazugehörigen digitalen Daten
- Aufforderung zur Herausgabe von materiellen Gütern, wie Werkzeugen, Vorrichtungen und noch nicht ausgelieferten, jedoch vorfinanzierten Waren
- Anmeldung finanzieller Forderungen, zum Beispiel aus Vorauszahlungen gegenüber dem Insolvenzverwalter
- Einforderung von Sicherungsrechten

5.3 Aufbau und Verlagerung zu neuen Lieferanten

In Abschn. 4.6 wurde bereits auf die Vorauswahl von Alternativlieferanten als präventive Maßnahme eingegangen. Analoge Schritte sind zu befolgen, falls bis zum aktuellen Zeitpunkt der Insolvenz noch keine alternativen Lieferanten vorhanden sind oder vorausgewählt wurden. Nun zeigt sich auch, ob in der Vergangenheit die richtigen Dinge initiiert und berücksichtigt worden sind. Insbesondere folgende Fragen sind je nach Situation für eine bevorstehende Verlagerung zu beantworten:

- Existiert eine Verlagerungsstrategie mit zeitlicher Planung?
- Sind alle nötigen Konstruktions- und Werkzeugzeichnungen sowie dazugehörige digitale Daten für die Fertigung bei einem neuen Lieferanten vorhanden?
- Sind genügend Vergleichsangebote alternativer Lieferanten vorhanden?
- Kann das Fertigungswerkzeug zu einem neuen Lieferanten überführt werden?
- Müssen Werkzeugänderungen vorgenommen werden oder gar ein neues Werkzeug hergestellt werden?
- Sind die Verlagerungsgespräche mit Alternativlieferanten erfolgversprechend?
- Existiert eine Bestätigung der Machbarkeit zu den zu verlagernden Teilen?
- Werden alle Anforderungen für die kommerzielle (zum Beispiel Bonität) und technische (zum Beispiel Zertifizierungen) Freigabe des Lieferanten erfüllt?
- Sind die Materialbedarfe ausreichend gedeckt, um die Verlagerung zu überbrücken?

5.4 Übernahme des insolventen Lieferanten

Auch die Übernahme eines in Insolvenz befindlichen Lieferanten kann zu den kurativen Maßnahmen gezählt werden. Gerade in Krisenzeiten dienen Übernahmen von Lieferanten beschaffender Unternehmen dazu, die Verfügbarkeit der Beschaffungsobjekte zu sichern und den Zugang zu entscheidender Technologie sicherzustellen. Als ein Beispiel aus der jüngsten Geschichte kann die Übernahme des Logistik-Spezialisten Serva Transport Systems durch die Porsche SE gelten. Das Know-how der Serva Transport Systems wird für die Produktion des Elektrofahrzeugs Taycan benötigt (Handelsblatt 2020).

Die Übernahme eines insolventen Lieferanten kann insbesondere bei den folgenden Gegebenheiten eine Option sein:

- Wenn die Unternehmensgröße und der Unternehmenswert in das Gefüge des beschaffenden Unternehmens passen.

- Wenn die vertikale Integration die Wertschöpfung des beschaffenden Unternehmens sinnvoll ergänzt, d. h. ein „zentraler" Teil im Produkt darstellt.
- Wenn Abhängigkeiten reduziert und die Wertschöpfung direkter beeinflusst werden kann.
- Wenn das beschaffende Unternehmen bereits einen wesentlichen Teil des Umsatzes des Lieferanten ausmacht (hierbei sind weitere strategische Überlegungen aus Unternehmensentwicklungs- und Marketinggesichtspunkten vorzunehmen, nämlich ob die Vereinnahmung zukünftig rein für die eigene Produktion genutzt oder zusätzlich als „Drittgeschäft" fortgesetzt wird).

Die Verhandlungen und der Übernahmeprozess zwischen dem beschaffenden Unternehmen und dem Insolvenzverwalter laufen nach festen Spielregeln und enger juristischer Begleitung ab (Ott 2011).

Haftungsansprüche gegen Insolvenzverwalter
Während und nach Abschluss des Insolvenzverfahrens kann das beschaffende Unternehmen prüfen, ob es Sinn macht, Haftungsansprüche gegen den Insolvenzverwalter oder gegen die Vertretungsorgane (zum Beispiel Vorstand einer Aktiengesellschaft) beziehungsweise Rechtsträger (zum Beispiele Komplementäre und Gesellschafter einer Offenen Handelsgesellschaft) des insolventen Lieferanten geltend zu machen. Aus Sicht des Einkaufs sind Pflichtverletzungen des Insolvenzverwalters von größerem Interesse, sodass auf mögliche Haftungsansprüche gegen ihn kurz eingegangen werden soll.

Verletzt der Insolvenzverwalter insolvenzspezifische Pflichten, so haftet er den Insolvenzbeteiligten persönlich. Aus Sicht eines beschaffenden Unternehmens ist der Insolvenzverwalter eines in Insolvenz befindlichen Lieferunternehmens insbesondere zur Beachtung von Aussonderungsrechten (zum Beispiel von Werkzeugen) verpflichtet. Sollte der Insolvenzverwalter Aussonderungsgut, wie zum Beispiel Werkzeuge, eigenmächtig verwerten, kann er sich schadensersatzpflichtig machen.

Denkbar ist auch die Situation, dass ein beschaffendes Unternehmen aufgrund nicht erfüllter Lieferungen, die der Insolvenzverwalter auf Basis seines Wahlrechts erst nach Eröffnung des Insolvenzverfahrens zugesagt hatte, zu den Massegläubigern gehört. In einem solchen Fall kann das beschaffende Unternehmen Ansprüche gegen den Insolvenzverwalter geltend machen, sofern er diese Lieferungen begründet hat, ohne dass sie aus der Masse befriedigt werden können.

Schließlich kann ein beschaffendes Unternehmen zum Beispiel aufgrund von Gegengeschäften mit dem in Insolvenz befindlichen Lieferanten auch zu den Insolvenzgläubigern gehören. Bei einer nicht gleichmäßigen Befriedigung aller

Insolvenzgläubiger durch Verschulden des Insolvenzverwalters sollte das beschaffende Unternehmen hier prüfen, ob es Haftungsansprüche gegen ihn geltend machen kann.

Voraussetzung für Haftungsansprüche gegen den Insolvenzverwalter ist sein Verschulden. Dieses liegt vor, wenn er schuldhaft seine Pflichten verletzt hat, d. h. die Sorgfalt eines ordentlichen und gewissenhaften Insolvenzverwalters vermissen ließ. Möchte ein beschaffendes Unternehmen Haftungsansprüche gegen den Insolvenzverwalter geltend machen, ist unbedingt juristischer Rat einzuholen.

Schlussbetrachtung

6

Im größten Teil der Literatur zum Thema Unternehmensinsolvenzen nehmen die Autoren die Perspektive des insolventen Unternehmens oder seiner Gläubiger ein. Im Gegensatz dazu werden in diesem Essential Insolvenzen von Lieferanten aus Sicht des abnehmenden bzw. beschaffenden Unternehmens betrachtet.

Strukturelle Umbrüche in Teilen der deutschen Industrie, aber auch die Auswirkungen der zum Zeitpunkt des Entstehens dieses Buches herrschenden Corona-Krise lassen vermuten, dass die Anzahl der Lieferanteninsolvenzen steigen wird. Der Einkauf sollte daher seine bestehenden Prozesse, Strukturen, sein Wissen und die zur Verfügung stehenden Maßnahmen zur Bewältigung solcher Insolvenzen überprüfen und gegebenenfalls anpassen. Dazu soll dieses Essential eine praktische Hilfestellung bieten.

Dazu wurden im zweiten Kapitel zunächst die für Einkäufer relevanten Grundlagen des Insolvenzrechts erläutert. Die überblicksartigen und an der einkäuferischen Praxis orientierten Darstellungen folgen dabei dem Ablauf eines Regelinsolvenzverfahrens vom Antrag auf Eröffnung eines Insolvenzverfahrens über das Vermögen eines Lieferanten bis zum Schlusstermin.

Die Maßnahmen zum Umgang mit Lieferanteninsolvenzen sollten in ein funktionierendes Lieferanten- und Risikomanagement eingebettet sein. Was diese Einbettung bedeutet und wie sie gelingen kann wurde im dritten Kapitel erläutert.

Im vierten Kapitel wurden präventive Maßnahmen zum Umgang mit Lieferanteninsolvenzen erläutert. In präventiven Maßnahmen spiegeln sich insbesondere strategische Überlegungen wider, um die Ausgangslage zur Bewältigung von Lieferanteninsolvenzen zu verbessern. Sie sind von einer einzelnen Lieferanteninsolvenz unabhängig und sollten bereits im Vorfeld durch den Einkauf ergriffen werden. Startpunkt der Darstellungen ist die Implementierung eines Ansatzes zur frühzeitigen Identifikation und Bewertung von Insolvenzrisiken. In vielen Fällen zeigt sich, dass neben quantitativen Indikatoren (zum Beispiel Finanzkennzahlen) vor allem qualitative Informationen (zum Beispiel Aussagen von Mitarbeitern der Lieferanten) eine wichtige Funktion innehaben. Zeichnen sich Unternehmenskrisen bei Lieferanten ab, gibt es eine Reihe von Unterstützungsmöglichkeiten, um eine Insolvenz zu vermeiden. Diese können umsatzsichernde, liquiditätsfördernde (zum Beispiel Aussetzung von Preissenkungen oder Verkürzung der Zahlungsziele), aber auch weitreichende kollaborative und strukturelle Maßnahmen (zum Beispiel Investitionen oder Prozessoptimierungen) beinhalten. Vertragliche Vorkehrungen sind insbesondere dann wichtig, wenn Eigentum oder Know-how des beschaffenden Unternehmens bei einer Lieferanteninsolvenz gesichert werden soll. Hierbei ist darauf zu achten, dass Verträge insolvenzfest ausgestaltet werden. Auch die Etablierung von Prozessen und Checklisten sowie die Weiterentwicklung der eigenen Organisation bis hin zur Vorauswahl von alternativen Lieferanten stellen wichtige präventive Maßnahmen dar.

Die Ergreifung kurativer Maßnahmen ist vom beschaffenden Unternehmen unmittelbar nach dem Antrag auf Eröffnung des Insolvenzverfahrens über das Vermögen eines Lieferanten zu prüfen. Diese wurden im fünften Kapitel vorgestellt. Die zuvor etablierten Prozesse und Checklisten finden vor allem in dieser Phase ihre Anwendung. Je nach Kritikalität bietet sich die Etablierung einer Task-Force zur Bewältigung der Lieferanteninsolvenz an. Diese „schnelle Eingreiftruppe" hält unter anderem enge Verbindung zu wichtigen Stakeholdern in- und außerhalb des von der Lieferanteninsolvenz betroffenen beschaffenden Unternehmens. Die Task-Force hat vor allem die Aufgabe, die weitere Verfügbarkeit der bezogenen Leistungen zu gewährleisten und finanzielle Konsequenzen zu minimieren. Kurative Maßnahmen können dabei weitrechenden Charakter bis hin zur Übernahme des insolventen Lieferanten haben. Um die gesammelten Erfahrungen einer Lieferanteninsolvenz zu konservieren, sollten im Sinne der kontinuierlichen Verbesserung die „Lessons Learned" in Vertragswerke, Prozesse, Checklisten etc. wieder einfließen und regelmäßige Aktualisierungen gemäß der gegebenenfalls geänderten Rechtslage vorgenommen werden.

Abschließend sei nochmals betont, dass Insolvenzen immer individuell und länderspezifisch zu betrachten sind und die Begleitung des Einkaufs durch Juristen zwingend notwendig ist (je nach Unternehmensgröße und -struktur durch eigene Rechtsabteilung oder externe Unterstützung). Dieses Essential unterstützt den Einkauf dabei, kritische und wichtige Aspekte bezüglich Lieferanteninsolvenzen im Blick zu haben und zu behalten – um im Fall der Fälle das Kind möglichst schnell und unbeschadet wieder aus dem Brunnen zu holen.

Was Sie aus diesem *essential* mitnehmen können

- Kompakter, strukturierter Überblick über wesentliche Grundlagen des Insolvenzrechts und Ablauf eines Regelinsolvenzverfahrens aus Einkaufssicht
- Vorschläge für praktische Maßnahmen des Einkaufs im Vorfeld einer Lieferanteninsolvenz
- Vorschläge für praktische Maßnahmen des Einkaufs während und nach einer Lieferanteninsolvenz
- Grundlegende Checkliste zur Prüfung und Ergänzung vorhandener Maßnahmen zum Umgang mit Lieferanteninsolvenzen im Einkauf
- Konkrete Hilfestellungen für den Einkauf durch Vertragsklauseln und Beispiele

© Der/die Herausgeber bzw. der/die Autor(en), exklusiv lizenziert durch
Springer Fachmedien Wiesbaden GmbH, ein Teil von Springer Nature 2020
E. Holschbach und J. H. Grimm, *Management von Lieferanteninsolvenzen*,
essentials, https://doi.org/10.1007/978-3-658-32316-5

Anhang – Checklisten zum Management von Lieferanteninsolvenzen

Tab. 1 Grundlegende Maßnahmen vor der Insolvenz eines Lieferanten. (Quelle: Holschbach und Grimm (2020))

Nr	Maßnahmen	Bemerkung	Verantwortlichkeit	Referenz[a]
1.1	Ansatz zur Identifikation von Insolvenzrisiken aufbauen	Formal bei Lieferantenauswahl und kontinuierlich im Risk-/Lieferantenmanagement anzuwenden	Einkaufsleitung (EKL)	Abschn. 4.1 und 4.2
1.2	Lieferantenbasis auf kritische, risikobehaftete Lieferanten prüfen	Alternativlieferanten vorauswählen und ggf. Second Source aufbauen	Strategischer Einkäufer (SEK)	Abschn. 4.1 und 4.2
1.3	Lieferanteninsolvenz in Vertragsvereinbarungen berücksichtigen	Insb. die in Maßnahmen 1,4 –1,10 aufgeführten Aspekte sind zu prüfen und zu berücksichtigen	SEK mit Rechtsabteilung (RA)	Abschn. 4.4
1.4	Sonderkündigungsrechte und Lösungsklauseln prüfen		SEK mit RA	Abschn. 4.4
1.5	Notfertigungsrechte sichern		SEK mit RA	Abschn. 4.4
1.6	Rechte an Konstruktionsdaten, Zeichnungen oder Quellcodes sichern		SEK mit RA	Abschn. 4.4
1.7	Escrow-Vereinbarungen integrieren	Fakultativ	SEK mit RA	Abschn. 4.4
1.8	Personal- und Realsicherheiten prüfen	Bürgschaften Patronatserklärung Zahlungsgarantien Bankgarantie	SEK mit RA	Abschn. 4.4

(Fortsetzung)

[a]Die angegebene Referenz bezieht sich auf das entsprechende Kapitel des vorliegenden Essentials.

Tab. 1 (Fortsetzung)

Nr	Maßnahmen	Bemerkung	Verantwortlichkeit	Referenz[a]
1.9	Strategie zur Werkzeugnutzung oder -eigentum definieren	Vertragliche und prozessuale Abbildung berücksichtigen	SEK mit RA	Abschn. 4.4 und 4.5
1.10	Möglichkeit (direkter) Zugriff auf Unterlieferanten einfordern		SEK mit RA	Abschn. 4.4
1.11	Organisation befähigen sowie Prozesse und Checklisten aufbauen		EKL	Abschn. 4.5
1.12	Überprüfung von Kennzeichnung und Lagerung des Eigentums (Werkzeuge, Vorrichtungen, noch nicht ausgelieferte Waren)	Vgl. ergänzend vertragliche Maßnahmen und Personal- und Realsicherheiten	SEK	Abschn. 4.4 und 4.5

[a]Die angegebene Referenz bezieht sich auf das entsprechende Kapitel des vorliegenden Essentials.

Tab. 2 Maßnahmen ab Antrag auf Eröffnung eines Insolvenzverfahren. (Quelle: Holschbach und Grimm (2020))

Nr	Maßnahmen	Bemerkung	Verantwortung	Referenz
2.1	Alle relevanten Stakeholder über Insolvenz informieren	Relevanz für Kunden prüfen	SEK	Abschn. 5.1
2.2	Transparenz zum Insolvenzverfahren herstellen und Eckdaten einholen: • Standort des Insolvenzgerichts • Insolvenzverwalter inkl. Kontaktdaten • Stellung des Insolvenzverwalters abschätzen (schwacher vs. starker) • Verfahrenstermine der Insolvenz einholen • Umfang der Insolvenzmasse ermitteln • Voraussichtliche Insolvenzquote abschätzen (Finanzen bzgl. notwendigen Abschreibungen involvieren) • Angaben zum Insolvenzkonto einholen und an Finanzen weiterleiten (Zahlungen an den Lieferanten dürfen nur noch auf dieses getätigt werden) • Existenz eines Gläubigerausschusses und mögliche Mitwirkung prüfen		SEK	Kap. 2 und Abschn. 5.1
2.3	Schlüsselpersonen bestimmen und ggf. Task-Force für Insolvenzfall etablieren		EKL	Abschn. 5.2
2.4	Identifikation der betroffenen Teile und Leistungen		SEK	Abschn. 5.2
2.5	Materialbedarfe prüfen und Materialreichweite als Puffer für Produktion erhöhen		SEK mit Disposition	Abschn. 5.2

(Fortsetzung)

Tab. 2 (Fortsetzung)

Nr	Maßnahmen	Bemerkung	Verantwortung	Referenz
2.6	Alternative Lieferanten/Second Sources prüfen		SEK	Abschn. 4.6 und 5.3
2.7	Verlagerungsstrategie definieren und mit alternativen Lieferanten (vor-)abstimmen		SEK	Abschn. 5.4

Tab. 3 Maßnahmen ab Eröffnung des Insolvenzverfahrens. (Quelle: Holschbach und Grimm (2020))

Nr	Maßnahmen	Bemerkung	Verantwortung	Referenz
3.1	Insolvenzverwalter zur Ausübung seines Wahlrechts auffordern		SEK mit RA	Abschn. 5.2
3.2	Aussonderung vorbereiten mit Liste aller Gegenstände, die sich beim insolventen Lieferanten befinden, aber im Eigentum des beschaffenden Unternehmens sind	Basis für Einforderung der Herausgabe gem. nachfolgender Maßnahmen 3 und 4		Abschn. 5.2
3.3	Herausgabe von immateriellen Gütern, wie zum Beispiel Konstruktions- und Werkzeugzeichnungen sowie dazugehörige digitale Daten prüfen bzw. einfordern		SEK mit RA	Abschn. 5.2
3.4	Herausgabe von materiellen Gütern, wie zum Beispiel Werkzeuge, Vorrichtungen und noch nicht ausgelieferten, jedoch vorfinanzierten Waren einfordern		SEK mit RA	Abschn. 5.2
3.5	Finanzielle Forderungen zum Beispiel aus Vorauszahlungen gegenüber dem Insolvenzverwalter anmelden		SEK mit RA, ggf. mit EKL	Abschn. 5.2

(Fortsetzung)

Tab. 3 (Fortsetzung)

Nr	Maßnahmen	Bemerkung	Verantwortung	Referenz
3.6	Wo vorhanden, Sicherungsrechte beim Insolvenzverwalter einfordern		SEK mit RA	Abschn. 5.2
3.7	Haftungsansprüche prüfen und vorbereiten		SEK mit RA, ggf. mit EKL	Abschn. 5.5
3.8	Falls notwendig, Verlagerung zu neuem Lieferanten durchführen: Werden kommerzielle und technische Anforderungen erfüllt? Ist die Machbarkeit gegeben? Kann das Fertigungswerkzeug überführt werden?		SEK	Abschn. 5.3
3.9	Übernahme des insolventen Lieferanten prüfen		EKL	Abschn. 5.4

Tab. 4 Maßnahmen bei Nichteröffnung des Insolvenzverfahrens. (Quelle: Holschbach und Grimm (2020))

Nr	Maßnahmen	Bemerkung	Verantwortung	Referenz
4.1	Haftungsansprüche gegen Vertretungsorgane des insolventen Lieferanten prüfen		SEK mit RA	Abschn. 5.5
4.2	Haftungsansprüche gegen die Rechtsträger des insolventen Lieferanten prüfen		SEK mit RA	Abschn. 5.5

Tab. 5 Maßnahmen nach Abschluss des Insolvenzverfahrens. (Quelle: Holschbach und Grimm (2020))

Nr	Maßnahmen	Bemerkung	Verantwortung	Referenz
5.1	Haftungsansprüche gegen Insolvenzverwalter prüfen		SEK mit RA	Abschn. 5.5
5.2	Lessons Learned im Sinne der kontinuierlichen Verbesserung in Vertragswerke, Prozesse, Checklisten etc. einfließen lassen und regelmäßige Aktualisierungen gem. Insolvenzordnung vornehmen		SEK	-

Literaturverzeichnis/„Zum Weiterlesen"

Altmann, Jörn, und Frank Gessner. 2018. Bankgarantie. https://wirtschaftslexikon.gabler.de/definition/bankgarantie-27283/version-250941. Zugegriffen: 2. August 2020.

Andrews, Dan, und Guiseppe Nicoletti. 2018. Confronting the Zombies: Policies for Productivity Revival 21. https://www.oecd.org/economy/growth/The-Walking-Dead-Zombie-Firms-and-Productivity-Performance-in-OECD-Countries.pdf. Zugegriffen: 26. Mai 2020.

Appelfeller, Wieland, und Wolfgang Buchholz. 2011. *Supplier Relationship Management: Strategie, Organisation und IT des modernen Beschaffungsmanagements*, 2. Aufl. Wiesbaden: Gabler Verlag/Springer Fachmedien Wiesbaden GmbH Wiesbaden.

Berwanger, Jörg, Joachim Wichert, Hans-Joachim Böcking, Peter Oser, und Norbert Pfitzer. 2018. Publizität. https://wirtschaftslexikon.gabler.de/definition/publizitaet-46318/version-269601. Zugegriffen: 2. August 2020.

Bley, Andreas, Gerit Vogt, Holstein, Michael, und Claus Niegsch. 2018. Mittelstand im Mittelpunkt. *Volkswirtschaft*(9). https://www.dzbank.de/content/dam/dzbank_de/de/home/produkte_services/Firmenkunden/PDF-Dokumente/Mittelstandsstudie/Mittelstand-im-Mittelpunkt-Herbst-2018.pdf. Zugegriffen: 2. August 2020.

Bundesgerichtshof. 2012. Urteil vom 15.11.2012 IX ZR 169/11. https://juris.bundesgerichtshof.de/cgi-bin/rechtsprechung/document.py?Gericht=bgh&Art=en&az=IX%20ZR%20169/11&nr=63021. Zugegriffen: 18. Juli 2020.

Erben, Meinhard, und Wolf G. H. Günther. 2018. *Beschaffung von IT-Leistungen*. Berlin, Heidelberg: Springer Berlin Heidelberg.

Falkenstein, Anja. 2016. Wenn der Nachschub ausbleibt - Rechtsfragen bei der Insolvenz des Lieferanten. https://beschaffung-aktuell.industrie.de/einkaufsrecht/wenn-der-nachschub-ausbleibt/. Zugegriffen: 17. Juli 2020.

Farrell, Steve. 2020. Aldi extends immediate payments for small suppliers until the end of the year. https://www.thegrocer.co.uk/aldi/aldi-extends-immediate-payments-for-small-suppliers-until-the-end-of-the-year/646502.article. Zugegriffen: 2. August 2020.

Gabath, Christoph. 2011. *Innovatives Beschaffungsmanagement: Trends, Herausforderungen, Handlungsansätze*. Wiesbaden: Gabler Verlag/Springer Fachmedien Wiesbaden GmbH Wiesbaden.

Gerstenberger, Juliane. 2018. Hohe Eigenkapitalquoten im Mittelstand: KMU schätzen ihre Unabhängigkeit. *Fokus Volkswirtschaft* (206). https://www.kfw.de/PDF/Download-

Center/Konzernthemen/Research/PDF-Dokumente-Fokus-Volkswirtschaft/Fokus-2018/
Fokus-Nr.-206-Mai-2018-Eigenkapitalquoten.pdf. Zugegriffen: 2. August 2020.

Grimm, Jörg, und Elmar Holschbach. 2020. *Präventive und kurative Maßnahmen zur Bewältigung von Lieferanteninsolvenzen*, 2. August 2020. https://lieferanteninsolvenz. net/.

Handelsblatt. 2020. Porsche übernimmt angeschlagenen Logistik-Spezialisten Serva. https://www.handelsblatt.com/unternehmen/industrie/autobauer-porsche-uebernimmt-angeschlagenen-logistik-spezialisten-serva/25966586.html. Zugegriffen: 2. August 2020.

Heesen, Bernd, und Vinzenth Wieser-Linhart. 2018. *Basiswissen Insolvenz*. Wiesbaden: Springer Fachmedien Wiesbaden.

Holschbach, Elmar. 2021. *Beschaffungsmanagement: Praxisnahes Studien- und Lehrbuch*, Wiesbaden: Springer Fachmedien Wiesbaden GmbH.

Holschbach, Elmar, und Jörg Grimm. 2020. *Lieferanteninsolvenzen: Was muss ich als Einkäufer tun, wenn das Kind in den Brunnen gefallen ist?* Procurement Summit, 17. Juni 2020. https://lieferanteninsolvenz.net/.

Koss, Claus. 2002. Quicktest: Schnell einen Überblick verschaffen. *Betriebswirtschaftliche Mandantenbetreuung* (08): 189. https://www.iww.de/bbp/archiv/quicktestschnell-einen-ueberblick-verschaffen-f33311. Zugegriffen: 27. August 2020.

Krall, Markus. 2017. Wie die EZB Zombieunternehmen fördert: Verkehrte (Finanz-)Welt. *WirtschaftsWoche* o. S. https://www.wiwo.de/finanzen/geldanlage/verkehrtefin anz-welt-wie-die-ezb-zombieunternehmen-foerdert/20157976-all.html. Zugegriffen: 27. Mai 2020.

Kramer, Ralph, und Frank K. Peter. 2014. *Insolvenzrecht: Grundkurs für Wirtschaftswissenschaftler*, 3. Aufl. Wiesbaden: Springer Gabler.

Lang-Dankov, Dorothée. 2015. Insolvenz von Geschäftspartnern. https://www.anwalt. de/rechtstipps/insolvenz-von-geschaeftspartnern_071058.html. Zugegriffen: 10. August 2020.

Ott, Wolfgang. 2011. *Unternehmenskauf aus der Insolvenz: Ein Praxisleitfaden*, 2. Aufl. Wiesbaden: Gabler Verlag/Springer Fachmedien Wiesbaden GmbH Wiesbaden.

Seppelfricke, Peter. 2019. *Unternehmensanalysen: Wie man die Zukunft eines Unternehmens prognostiziert*. Stuttgart: Schäffer-Poeschel.

Statistisches Bundesamt. 2020a. Insolvenzen Deutschland Anzahl. https://www.destatis.de/DE/Themen/Branchen-Unternehmen/Unternehmen/Gewerbemeldungen-Insolvenzen/Tabellen/lrins01.html. Zugegriffen: 26. Mai 2020.

Statistisches Bundesamt. 2020b. Insolvenzen von Unternehmen und übrigen Schuldnern. https://www.destatis.de/DE/Themen/Branchen-Unternehmen/Unternehmen/Gewerbemeldungen-Insolvenzen/Tabellen/anzahl-der-beantragten-insolvenzverfahren.html. Zugegriffen: 27. Mai 2020.

Statistisches Bundesamt. 2020c. *Pressemitteilung Nr. 163 vom 11. Mai 2020*. Wiesbaden.

Weber, Jürgen. 2018. Werkzeugkosten. *Gabler Wirtschaftslexikon*.

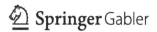

Gerhard Heß
Elmar Holschbach
Florian C. Kleemann

Strategischer Dienstleistungseinkauf

Leitfaden zur systematischen Umsetzung im Supply Management

Springer Gabler

Printed in the United States
By Bookmasters